संतोष सिंह की कविताओं का वायुमण्डल विस्तृत और सघन है। बचपन की स्मृतियों से लेकर घर-परिवार के अनुभव और वृहत्तर सामाजिक-राजनैतिक प्रसंगों तक प्रशस्त ये कविताएँ पाठक के हृदय के समस्त तारों को झंकृत कर देती हैं। बचपन के खेल और सरस्वती पूजा के आख्यान सामूहिक स्मृतियाँ हैं और तत्काल पाठक को कवि से जोड़ देती हैं। कवि ने तब के शब्दों, मुहावरों को मिश्रित कर अद्भुत काव्य रसायन तैयार किया है जो अपनी विशिष्ट लय से मुग्ध कर देता है। कौटुम्बिक सम्बन्धों पर संतोष जी ने कुछ मार्मिक कविताएँ लिखी हैं। बहन, बेटी, पत्नी उनकी कविता के स्थायी नागरिक हैं। स्त्रियों के प्रति लिखित उनकी कविताएँ अद्वितीय हैं। 'कटे पेड़ की तरह रोज़ गिरती हूँ'—यह एक बिम्ब समस्त स्त्री जाति की व्यथा का समाहार करता है। कवि ने लोलुप, लम्पट समाज की तीखी भर्त्सना करते हुए हमारे चतुर्दिक नैतिक पतन की भर्त्सना की है। संतोष जी की कविताओं का एक आयाम दार्शनिकता भी है। कवि के चिन्तन की अनमोल छवियाँ यहाँ अंकित हैं। जीवन, ब्रह्माण्ड, ईश्वर, त्रासदी सब पर चिन्तन-मनन मिलता है। 'महाभारत' के अनेक प्रसंगों के माध्यम से यह चिन्तन-शृंखला आगे बढ़ती है। प्रकाश और तम के आदि युग्म पर विशेष विचार हुआ है। कवि का प्रश्न है कि 'गीता' का आरम्भ धृतराष्ट्र उवाच से ही क्यों होता है—'कभी सोचा क्यों शुरू होती है 'श्रीमद्भगवद्गीता' धृतराष्ट्र उवाच से?' यह एक मौलिक प्रश्न है, परेशान करने वाला। कवि अनेकानेक दैनन्दिन स्थितियों पर भी विचार करता है। मकान बनाये जाते हैं, घर तो खुद ही बनता है, यह कवि का कथन है। पुस्तक के अन्त तक आते-आते हम पाते हैं कि हमने एक लम्बी दूरी तय कर ली है और एक काव्य-पंक्ति हमें टेक की तरह प्राप्त होती है—'प्रेम, करुणा और सहअस्तित्व ही एकमात्र उपाय है'। संतोष सिंह के कवि की यही आधार-भूमि है।

—अरुण कमल

करवट

संतोष सिंह

वाणी
प्रकाशन

प्रकाशन के उत्कृष्टतम 61 वर्ष

vaniprakashan.com

पेपरबैक पहला संस्करण : 2024

वाणी प्रकाशन

4695, 21-ए, दरियागंज, नयी दिल्ली-110 002

फ़ोन : +91 11 23273167, 23275710

शाखाएँ

अशोक राजपथ, पटना-800 004, बिहार

कॉफ़ी हाउस कैम्पस, महात्मा गांधी मार्ग, प्रयागराज-211 001, उत्तर प्रदेश

महात्मा गांधी अन्तरराष्ट्रीय हिन्दी विश्वविद्यालय, वर्धा-442 001, महाराष्ट्र

36/ए, शेक्सपियर सरणी, रानी बिरला गर्ल्स कॉलेज के पास, कोलकाता-700 017, प. बंगाल

sales@vaniprakashan.in
vaniprakashan@gmail.com

Karwat

by Santosh Singh

ISBN : 978-93-5775-578-8
Poetry Collection

मूल्य : ₹ 225

जी.एस. ऑफ़सेट, दिल्ली-110 095 में मुद्रित

वाणी प्रकाशन का लोगो मक़बूल फ़िदा हुसेन की कूची से

पितामह स्वर्गीय बोधनारायण सिंह
को सादर समर्पित

प्रस्तावना

हिन्दी के कवि पत्रकारों की गौरवशाली परम्परा में एक नया नाम श्री संतोष सिंह का है जो पहले से ही अपने गवेषणात्मक रिपोर्ट और लेखों तथा समसामयिक सन्दर्भों पर आधारित अनेक बहुप्रशंसित पुस्तकों के लिए सुविख्यात हैं।

लेकिन संतोष जी जानते हैं कि हर समाचार में कुछ ऐसा तत्त्व भी होता है जो अक्सर दैनिक अख़बारों की परिधि से बाहर छूट जाता है। वही तत्त्व जब कविता का आकार लेता है तब स्थायित्व और औदात्य प्राप्त करता हुआ अनेक पाठक-पीढ़ियों को प्रभावित करता है। सम्भवत: इसीलिए एजरा पाउंड ने कविता को परिभाषित करते हुए कहा था कि कविता वो ख़बर है जो हमेशा ख़बर बनी रहती है। अंग्रेज़ी पत्रकार संतोष सिंह की ये कविताएँ उसी विशेष अर्थ में ख़बर हैं, जो नित नवीन बनी रहेंगी। संतोष सिंह का यह सर्वथा नवीन और भिन्न जीवन-सन्धान है।

संतोष सिंह की कविताओं का वायुमण्डल विस्तृत और सघन है। बचपन की स्मृतियों से लेकर घर-परिवार के अनुभव और बृहत्तर सामाजिक राजनैतिक प्रसंगों तक प्रशस्त ये कविताएँ पाठक के हृदय के समस्त तारों को झंकृत कर देती हैं। बचपन के खेल और सरस्वती पूजा के आख्यान सामूहिक स्मृतियाँ हैं और तत्काल पाठक को कवि से जोड़ देती हैं। कवि ने तब के शब्दों, मुहावरों को मिश्रित कर अद्भुत काव्य रसायन तैयार किया है जो अपनी विशिष्ट लय से मुग्ध कर देता है। कौटुम्बिक सम्बन्धों पर सन्तोष जी ने कुछ मार्मिक कविताएँ लिखी हैं। बहन, बेटी, पत्नी उनकी कविता के स्थायी नागरिक हैं। स्त्रियों के प्रति लिखित उनकी कविताएँ अद्वितीय हैं। 'कटे पेड़ की तरह रोज़ गिरती हूँ'—यह एक बिम्ब समस्त स्त्री जाति की व्यथा का समाहार करता है। कवि ने लोलुप, लम्पट समाज की तीखी भर्त्सना करते हुए हमारे चतुर्दिक नैतिक पतन की भर्त्सना की है।

सन्तोष सिंह की एक कविता पत्रकार जीवन पर भी है। ऐसी कविताएँ हिन्दी में विरल हैं। यह एक साथ आत्मालोचना और समाचार-संचार-संसार की आलोचना

है। इसे ध्यान से पढ़ा जाना चाहिए। कवि के शब्द हैं—'एक दबी कहानी के धागे का सिरा हूँ'। ऐसी कितनी कहानियाँ हैं जो दबी रह जाती हैं और जिनका एक छोर भर प्रगट हो पाता है। क्योंकि 'मेरा सच कहना उनको साल जाता है'। यह सच कहने का साहस तो पत्रकार, लेखक का अस्तित्व-आधार है। इसी कोटि की एक अन्य कविता है 'मैं बिहार हूँ'। पुन: कहना पड़ता है कि ऐसी कविताएँ दुर्लभ हैं। मुझे भोपाल के प्रख्यात कवि सोमदत्त की 'बिहार' शीर्षक कविता याद आ रही है जिसे साथ-साथ रख कर देखना उपयोगी होगा।

संतोष जी की कविताओं का एक आयाम दार्शनिकता भी है। कवि के चिन्तन की अनमोल छवियाँ यहाँ अंकित हैं। जीवन, ब्रह्माण्ड, ईश्वर, त्रासदी सब पर चिन्तन मनन मिलता है। महाभारत के अनेक प्रसंगों के माध्यम से यह चिन्तन श्रृंखला आगे बढ़ती है। प्रकाश और तम के आदि युग्म पर विशेष विचार हुआ है। कवि का प्रश्न है कि 'गीता' का आरम्भ धृतराष्ट्र उवाच से ही क्यों होता है—'कभी सोचा क्यों शुरू होती है 'श्रीमद्‌भगवद्‌गीता' धृतराष्ट्र उवाच से?' यह एक मौलिक प्रश्न है, परेशान करने वाला। कवि अनेकानेक दैनन्दिन स्थितियों पर भी विचार करता है। मकान बनाये जाते हैं, घर तो ख़ुद ही बनता है, यह कवि का कथन है। पुस्तक के अन्त तक आते आते हम पाते हैं कि हमने एक लम्बी दूरी तय कर ली है और एक काव्य-पंक्ति हमें टेक की तरह प्राप्त होती है—'प्रेम, करुणा और सहअस्तित्व ही एकमात्र उपाय है'। संतोष सिंह के कवि की यही आधार-भूमि है।

संतोष सिंह के प्रथम कविता-संग्रह की संवर्द्धना करते हुए हम आशा करते हैं कि कवि संतोष अगले संग्रहों में भी हमें अनेक दबी हुई कहानियों तक, अनेक व्याकुल कर देने वाले प्रश्नों तक ले जायेंगे और सहृदय पाठक उन्हें अपना स्नेह-समर्थन प्रदान करेंगे।

—अरुण कमल

भूमिका

कहीं पढ़ा था–"जुल्फों के पेचोख़म में इसे मत तलाशिये, ये शायरी ज़ुबां है किसी बेज़ुबान की।" लेकिन मुझे कोई कवि होने का भ्रम नहीं है। महाविद्यालय जब गया तो पिता ने कहा की अंग्रेज़ी पढ़ो, भूखे नहीं रहोगे। बात तो कुछ हद तक ठीक थी। पर सपनें तो अपनी भाषा में ही आते हैं। प्रेम की अभिव्यक्ति भी अपनी भाषा में ही होती है।

हिन्दी साहित्य से मेरा पहला साक्षात्कार गुरुदेव रवीन्द्रनाथ टैगोर की पुस्तक 'गोरा' से हुआ। अज्ञेय-अनूदित किताब जैसे मनो-मस्तिष्क पर छा गयी। इतनी प्रांजल भाषा पढ़कर फिर हजारीप्रसाद द्विवेदी, राजा राधिकारमन प्रसाद सिंह, महादेवी वर्मा, अमृत लाल नागर, मैथिलीशरण गुप्त, हरिवंशराय बच्चन और आधुनिक युग के कविगण–आलोकधन्वा, अरुण कमल और नरेश सक्सेना ने बेहद प्रभावित किया। कुछ कविताएँ छात्र जीवन में लिखीं। बहुत लोगों को पकड़कर कविता सुनाया करता था। कुछ लोग जैसे अनुज आशुतोष, उदय भानु प्रताप तन्मय होकर सुनते थे। समय क्रम में और भी गम्भीर श्रोता मिले जैसे मित्रगण ब्रज मोहन, गुंजन कर्ण, सुवेश कर्ण और दिनेश। लेकिन कविता कहीं छपने के लिए नहीं भेजी। बाँका ज़िले के एक छोटे से गाँव, रामचुआ, से कविता निकलकर भागलपुर की गलियों से भटकते हुए दिल्ली की तेज़ भागती सपाट सड़क पर पहुँचकर विस्मृत हो गयी। रोटी ही चाँद लगने लगा। संघर्ष अब नीरस गद्य था।

सोशल मीडिया का जन्म हुआ और मेरी भावनाएँ फिर से पद्य होने लगीं। जीवन के कई रंग इसमें समाने लगे। समाज को कुछ कहना चाहा–शायद वही कविता थी या कुछ शब्द-युग्म थे। बहुत लोगों ने सराहा और विश्वास दिया की एक बड़े श्रोता वर्ग तक इसे पहुँचना चाहिए। जब मेरे प्रिय कवि अरुण कमल ने मुझसे पाण्डुलिपि माँगी, मुझे बहुत बेचैनी हुई। उन्होंने क़रीब तीन महीने के बाद

जो लिखा उसने मुझे ख़ुद को संजीदगी से लेने को प्रोत्साहित किया। उनके द्वारा मेरे लिए लिखे एक-एक शब्द से मैं अभिभूत हूँ और थोड़ा अचम्भित भी।

'करवट' आपके समक्ष है। गुलाब भी मेरा और उसके काँटे भी मेरे। आप ही कवि और लेखक बनाते हैं, अन्यथा हमारी संवेदना जीवित रहे यही काफ़ी है।

धन्यवाद,

संतोष सिंह

अनुक्रम

प्रकाश और तम

कभी सोचा क्यों शुरू होती है श्रीमद्‌भगवद गीता धृतराष्ट्र उवाच से?
ये शुरू हो सकता था अर्जुन के संशय से?
भीष्म-कर्ण के ऊहापोह से?
या फिर सीधे श्रीभगवान उवाच से।
धृतराष्ट्र शायद इसलिए कि जीवन का आरम्भ ही अन्धकार से हुआ है,
गर्भ के गहन अन्धकार से,
रोशनी तो सूरज का करतब है,
नैसर्गिक तो तम ही है।
प्रकृति कुछ भी समेटे लिए जा रही है,
एक आँधी की तरह,
जो गिरा देती है रससिक्त और रसोन्मुख आमों को एक साथ,
जीवन का ऐसा क्षरण,
तिमिर का ऐसा वरण।
तीन लहर, चौथे की आशंका,
थोड़ी सी वैज्ञानिक अज्ञानता,
इन लहरों के पार भी जो गया,
उसके कुप्रभाव से सशंकित,
यक्ष फिर न पूछ बैठे–आश्चर्य क्या है?
इस बार जवाब होगा–'दुर्वार जिजीविषा'।
जीवन से ज़्यादा जीवन-बीमा सुना जा रहा है,
मेडिक्लेम लेने की आपाधापी है,
आयुर्वेद कितने प्रासंगिक हो गये हैं,
सहेजे अंक से कुछ तो सरक रहा है,

कुछ तो कहीं तेज़ी से दरक रहा है।
इस बार गीता श्रीभगवान उवाच से आरम्भ हो,
उन्हें ही समझाना होगा प्रकाश और अन्धकार का द्वन्द्व,
अब धृतराष्ट्र के साथ अर्जुन, दुर्योधन और सब को दिव्यदृष्टि चाहिए,
जान तो लें अन्धकार के परे क्या है,
जीवन का महाभारत तो कोई समझा दे!

चार चवन्नी चानी की

चन्दे की रसीद लिए हाथों में,
मित्रमण्डली के साथ घर-घर जाना,
जमा पैसों से सरस्वती माता की एक छोटी-सी मूर्ति ख़रीदना,
बेर, मिश्रीकन्द और बुनिया,
हो सके तो थोड़े लड्डू के प्रसाद,
हो जाती थी सरस्वती पूजा,
इसमें बहुतेरे होते थे ऐसे,
जिन्हें पढ़ाई-लिखाई से कोई वास्ता नहीं होता।

पर उत्सव तो उत्सव है,
होता गुलाल का पहला अर्पण,
ज्ञान की देवी के चरणों में,
हवाओं में बसन्त की तैरती महक,
होली का उद्घोष हो जाता,
आम की मंजरियों की वो मादक खुशबू।

असली आनद तो मूर्ति विसर्जन में होता,
'नमो नमस्ते, सरसत्ती हँसते',
'चार चवन्नी चानी की,
सरसत्ती महारानी की',
नाचते-गाते बच्चे जाते,
नदी या तालाब की ओर,

तैरकर पोखर में दूर मूर्ति ले जाना,
कम नहीं था किसी बहादुरी से।

ये दृश्य आज भी दुहरा रहा है,
सब कुछ लगभग वैसा ही है,
पर अब विसर्जन के रास्ते नियत हैं,
नृत्य तो अब भी होते हैं,
पर डीजे के संगीत पर,
'चार चवन्नी...' अब गुम हो गयी है,
भक्ति की नयी परिभाषा गढ़ी जा रही है,
ज्ञान और समरसता भी विसर्जित हो रहे हैं।

बसन्त तो आते ही रहेंगे,
पीले सरसों भी खिलते रहेंगे,
बच्चे भी आते ही रहेंगे चन्दे की रसीद लिये,
पर सरस्वती की असली वन्दना की प्रतीक्षा रहेगी,
मिश्रीकन्द में फिर वही मिठास चाहिए,
थोड़े से बेर और दे दो,
बैर अपने पास ही रख लो।

तीसरा बोले लप्प सलाय

एक सलाय,
दो सलाय,
तीसरा बोले लप्प सलाय।
...कुछ ऐसे ही शुरू होता था,
हमारे बचपन का खेल,
इसे हम नुक़्क़ा-चोरी कहते थे,
पढ़े-लिखे लोग इसे लुका-छिपी कहते हैं,
ख़ैर यह तो बस एक खेल था,
पर उस खेल में छुपने का क्या आनन्द था,
उससे भी अधिक धप्पा देने का विजयी अनुभव,
फिर वो पीठ पर महज़ धौल ही नहीं थे,
मिलने-मिलाने की मुहर थी,
और वो मुहर ताउम्र याद रहता है,
किवाड़ के पीछे छुपने से,
अपना लगता था पड़ोसियों का भी घर,
कुछ बचपन की मुहब्बत, शुरू होती थी इस खेल से।

पर तकनीक तो आना ही था,
खेल-खेल में सारे खेल मोबाइल फ़ोन पर आ गये,
अब सबके अपने-अपने स्क्रीन हैं,
बच्चों के अपने, माँ-बाप के भी अपने,
एक ही घर में चल रहे हैं कितने स्क्रीन,
एक ही घर में कई दुनिया हैं,

साँप और सीढ़ी का खेल भी,
उतर आया है मोबाइल फ़ोन पर,
गोटी चलने की वही डिजिटल आवाज़,
अब लूडो के लिए भी,
नहीं चाहिए घर के पार्टनर,
आभासी सीढ़ियाँ चढ़ते जा रहे हैं,
किसी दिन निन्यानवे पर साँप काटेगा,
और हम औंधे मुँह गिरेंगे।

प्यार का रिन्यूअल

पतंगे ने शमा से कब कहा उसे प्यार है,
वो तो चुपचाप जल जाता है,
सूरज भी तो नहीं कहता चाँद से दिल की बात,
वो रोशनी देते हुए जल रहा होता है,
पर ये धरती वाले वफ़ा और दोस्ती का हिसाब माँगते रहते हैं,
क्यों कहना ज़रूरी है वो तीन लफ़्ज़ बरबस,
मैं मानता हूँ सबको अच्छा लगता यह सब कुछ,
लेकिन जब शब्द नहीं था तब भी तो प्यार था,
दोस्ती तो फिर भी थी जब पत्र और तार नहीं था,
आज जब इतने सारे शब्द हैं हमारे बीच,
क्यों लाचार हैं हम सब एक छोटा-सा अर्थ निकालने में,
कितने दिन उन यान्त्रिक वाक्यों के गुलाम बने रहेंगे,
आँखों की भाषा ग़ायब होती जा रही है,
प्यार और दोस्ती अब एक सर्टिफ़िकेट हो गया है,
जिसका रिन्यूअल ज़रूरी है
पर चाँद अभी भी अपलक सूरज को निहारता है,
शमा भी गुमसुम रहा करती है।

आँगन

आँगन परिधि भी है,
अन्तस की सीमा भी है,
लक्ष्मण रेखा भी है,
लेकिन आँगन उतना ही प्रचुर है,
उतना ही विस्तार है।
आँगन के मध्य में वो शादी का मण्डप,
पके मिट्टी के दो हाथी,
एक कोने में धान का बोरा,
वहीं पास में एक लहसुन की क्यारी,
दूसरे तरफ़ धनिया की लहलहाती पत्तियाँ।

गर्मी में साबय की रस्सी से बुनी खाट,
कभी उसका शिथिल होता ओरांच,
लेटने पर सीधे आसमान से साक्षात्कार,
मसहरी में चारों तरफ़ से आती हवा,
वो सुबह के ओस की ठण्डक।

बरसात की नोनी और कजली,
उस पर वो फिसलन,
कुएँ तक जाने के लिए ईंट के रास्ते,
तुलसी पिण्डा की धुली हुई सिन्दूर,
चारदीवारी के एक कोने का ढह जाना।

बिखरे अनाज के दानों पर चिड़ियों का हक़,
कागा की अतिथि आगमन के उचारें,
गौरैया की फुदकन से लबरेज आँगन,
यदा कदा कोयल की कुहू-कुहू,
विवाहोत्सव पर गीतारिणों का जमघट।

अब आँगन गाँव में भी सिमटता जा रहा है,
दिल और घर दोनों घटते जा रहे हैं,
शहर को कुछ गाँव बनने की ललक है,
गाँव तो पूरा शहर बन जाने को आमादा है,
गाँव-शहर के द्वन्द्व में सुख उलझा हुआ है।

आज के लोग इसे नोस्टालजिया कहते हैं,
डेटा रिचार्ज और वाय-फाय में हम मस्त हैं,
धनिया की पत्तियाँ अब गमलों में उगती हैं,
हम तकनीक के सहारे कनेक्टेड रहते हैं,
घर से जो आँगन का सम्पर्क टूट गया है।

कम्बल

ऊँची इमारत के थोड़ी ही दूर एक झोंपड़ी थी,
उस इमारत की जगह पर झोंपड़ियाँ हुआ करती थीं,
इमारत चारों तरफ़ से घमण्ड से भरी ऊँची दीवारों से घिरी थी,
हवा अपना सर टकराकर लौट आती थी,
झोंपड़ी में कोई दरवाजे न थे और न हो सकते थे,
हवा झोंपड़ी के साथ लोकतन्त्र जैसा सलूक कर रही थी,
इधर दूधिया चाँदनी में इमारत इतरा रही थी,
उसी चाँदनी में रघु अपनी नयी किताब पढ़ने की कोशिश कर रहा था,
इधर मानवी ठण्ड में कँपकँपाती जाती थी,
उसके पुआल के बिछौने को हवा उड़ाये जा रही थी,
उधर वह मखमली लिहाफ़ से अपने कुत्ते ढक रही थी,
इधर मानवी अपने बेटे से पूछ बैठी–कम्बल तो बहुत गर्म होता होगा न बेटा!

दिल्ली दूर है!

मतदान कहाँ हुआ है?
मत का हमने दान किया है,
जिसने नम्बरी नोट दिया है,
उसी को हमने वोट दिया है,
उसने नोट दान किया है,
हमने भारी मतदान किया है,
नेताजी का क्या चोट किया है,
साड़ी और लँगोट दिया है,
टीवी के साथ रिमोट दिया है।

जीते और गये दिल्ली दरबार,
अबकी फिर उनकी सरकार,
'भूख मिटाओ' का नारा बहुत चला है,
श्यामू के घर तीन दिन से चूल्हा नहीं जला है,
चला रहे वो साक्षरता मिशन,
टिप्पा देकर जो बना रहे अपना कमीशन,
प्रजातन्त्र का यही दस्तूर है,
उसके सीट पर अजब हुजूर है,
जनता अभी बहुत मजबूर है,
दिल्ली अब भी बहुत दूर है।

सदियों से

उनकी महफ़िल में मैंने मन्थर पग थाप सुनी,
घुँघरू के थाप में मैंने अदद दर्द की बात सुनी,
उसकी आँखों में मन्दिरों को बस फेनिल रसज्वार दिखी,
लेकिन मुझको उन आँखों में एक भयानक आग दिखी,
बिखर चुकी कली कली क्षिप्र दनुज के पहियों से,
किसकी भगिनी, किसकी सजनी जब बँधी हो घुँघरू सदियों से।

यौवन

तबले की ताथेई जवानी,
किंकिणि का किन्-किन् जवानी,
पायल की रुन झुन जवानी,
रस की फेनिल बोतल जवानी,
उर्वशी का चंचल चितवन जवानी,
कामना के किलिलों का मधुबन जवानी,
कौसर के रंग में डूबी जवानी,
कैसी है स्निग्ध फिसलन जवानी,
विश्वामित्र की मेनका जवानी,
तुलसी की रत्ना जवानी,
चाहो तो तुलसी का मानस जवानी,
नहीं तो बस एक कोरी कहानी।

मय से मैं तक

मन्दिर की घण्टियाँ इतनी मादक कभी नहीं लगीं
हाँ मैं एक मयक़श की पत्नी हूँ
बहुत ख़ुश हूँ–अब पियोगे कैसे साजन
मेरे मनुहार पर तो नहीं सुनते थे
देर देर रात घर आते थे
लगता था कोई शेर आया है
फिर सुबह तुम वही मिटटी के शेर हो जाते थे
मेरे गहने ज़ेवर बेच आये, सुकून तो कब का बेच चुके थे
मैं तो कभी अपने बाप से न डरी
लेकिन इस मय से बहुत डरती थी
अब ख़ुश हूँ जल्दी घर लौटोगे
कभी देर से सही तुम ही घर लौटोगे
अब कोई देवदास किसी को बर्दाश्त करने के लिए नहीं पियेगा
बिन पिए सब कुछ बर्दाश्त करो तो जानूँ
कुछ मयक़शी तो मेरे पास भी है
दो घड़ी मेरे पास भी तो बैठो
तुम्हें याद है पिछली बार हम कब इतने पास बैठे थे
देखो इन आँखों से कैसे पीते हैं ?
जीवन भी तो एक मदिरा ही है
कभी दुख कभी सुख के पैमाने छलकेंगे
और सुख की अंगूरी कभी बोतलबन्द नहीं होती
एक अफ़सोस है नागिन नृत्य पर तुम अब उस तरह नहीं लहराओगे
तेरी रुमाली फुफकार अब और नकली लगेगी

तेरे पास बहकने की अब कोई वजह नहीं है
अब मैं तेरा ठहराव देखना चाहती हूँ
चाहती हूँ अब तुम भी सब ठहर के देखो
देखो कब से छत की मरम्मत नहीं हो पायी है
पता है चुन्नू फिर दूसरी फेल हो गया है
बनिए का कितना उधार हो गया है
क्या हुआ दो घूँट मदिरा पीछे छूट गयी
देखो तो सामने जीवन अमृत पड़ा है।

तेरी आँखों में मैंने जो दिए की रौशनी देखी

तेरी आँखों में मैंने जो दिए की रौशनी देखी
मुझे लगा मैं ही वो जलता हुआ चिराग हूँ

चाँदनी रात में जो तुमने जुल्फ़ यूँ बिखेरी
मुझे लगा मैं ही वो जलता हुआ माहताब हूँ

तेरी बलायें लेने चाँद सितारे आते होंगे
तुझे कुफ्र से बचा पाये मैं वो हिजाब हूँ

कुछ बेअदब आजकल तेरा पता पूछते हैं
तुझे जिसमें छिपा पाऊँ मैं वो नक़ाब हूँ

तुझे लोग अनबुझ पहेली कहा करते हैं
जो तुझे समझा पाये मैं वो कोरी किताब हूँ

तुम नूर की तरह इन आँखों में बसती हो
लोग शुकिया कहें पर मैं तो तेरा आदाब हूँ

दिल्ली का बाबू

बन गया आफ़िसर मेरा मुन्ना
कोट पतलून में साहेब लगता है मुन्ना

पर मुझे याद है उसके बचपन की कहानी
ठण्डी रातों में चूल्हे के पास आ जाना
आँचल से लिपटकर गोदी में सो जाना
तोतली ज़ुबाँ में उसका मचलना
फिर उसका कहना–
ठण्ड नहीं लगती क्या माँ तुझको
कब तक सुलायेगी ऐसे तू मुझको

बहुत याद आता है उसका सताना
कोठी में छिप जाना
मगर याद नहीं उसका बड़ा हो जाना
शहर चला जाना
साहेब बन जाना

ख़त तो लिखा है–माँ मैं आऊँगा
तेरे लिए साड़ी लाऊँगा
पर गुज़र गये बेरहम महीनों के महीनों
आया नहीं वो मेरे दुख को सिलने

फिर कल को एक डाकिया आया
–क्या लिखता है मुन्ना पढ़ो तो बेटा
–लिखता है माँ नहीं आ पाऊँगा
इधर होनी है मेरी प्रमोशन
तेरे पोते को दिलाना है एडमिशन

यह चिट्ठी नहीं मेरे मुन्ने की
यह ख़त है दिल्ली के बाबू का
राजधानी मेल बन गया तू बेटा
बहुत तेज़ रफ़्तार है जिसकी बेटा

पर जहाँ भी रहना सुख से तू रहना
तेरा दुख सह न पाऊँगी बेटा
अगर भूल गये अपने बेटे मुझको
पर मैं कैसे भूल जाऊँ अपना बेटा

हाथ

मेरा सफ़र नन्ही अँगुलियों से शुरू होता है,
माँ ने मेरी हथेली थाम उभरती रेखाओं को निहारा
मैं जब ठुमक ठुमक चलता था माँ बरबस हाथ थाम लेती थी
जब थोड़ा बड़ा हुआ, एक स्लेट पकड़ा दी
मेरे नन्हे हाथ स्लेट पर लिखते-मिटाते सफ़ेद हो जाते
माँ उसे अपने आँचल से साफ़ करती और फिर उन रेखाओं की बात करती
बाबा रामायण की चौपाई के बीच कहते–
हाथ की रेखा क्या होती है, इसके ललाट के तेज़ को देखो
रेखाओं से बात शुरू होकर कर्म तक ठिठक जाती
बालमन द्वन्द्व से भर जाता फिर किताबों में खो जाता
आँगन में बित्तन चाचा को काम करते देख अच्छा लगता
मिट्टी की चारदीवारी पर पुआल के छत बनते
शाम को हरी बाबा दूध दुहने आते,
माँ उन्हें एक पाव रोज़ का मेहनताना देती
मैं सोचता सब काम क्यों करते हैं?
बाबा के पास सारे सवालों के जवाब होते थे
अपनी बात समझाने के लिए गोस्वामी तुलसीदास को
ले आते या फिर कोई देसी मुहावरे
कहते–सारा खेल इन हाथों का है
जितना काम करोगे उतनी रेखाएँ बनेंगी
कर्म की परत से हाथ की रेखाएँ नहीं दिखतीं
इन्हीं हाथों से गीता और कुरान लिखे हैं
इन्हीं हाथों से ताजमहल बनाये हैं!

रोज़ सुबह जग कर हाथों को सहलाता हूँ
कर्म की नयी यात्रा के लिए रोज़ इन्हे तैयार करता हूँ
क्या पता ये आज कहीं किसी नये पिकासो की पेंटिंग बनायेगा
किसी मोहन वीणा पर नया राग छेड़ेगा

मैं हाथ हूँ
मुझे समझो तो नयी इबारत लिखूँगा
या तेरी दो रोटी की तलाश में ही उलझा रहूँगा
तुम चाहो तो मैं जगन्नाथ हूँ
या बस एक हाथ हूँ!

प्रेमिका

प्रेमिका-प्रसन्न सलिला, प्रगल्भा, मृगनयनी,
सोती थी जाने कहाँ, कैसे वह किन्नरी,
मतवाली यौवन की मदिरा पिए हुए

निस्तेज अंशुमाली अस्तांचल की ओट में तिरोहित,
सागर के आँचल में थी एक तरणी,
तरुणी थी उस नौका में, निद्रालस!

प्रिय भी थी, प्रिया भी थी, प्रेम ज्वार से स्नात,
मौन प्रणय के अर्चन में, अभिसारिका मन में
खो जाता प्रेमी सुधबुध
पर विनयशील था, नतसिर

विभावरी के गलीचे से झाँक रहा था चाँद,
सजग प्रहरी की तरह,
तार सप्तक की भृकुटी भी तनी थी,
पर ध्रुवतारा मन्द-मन्द मुस्कुरा रहा था!

कल्लोल हवाओं का, गर्जन घटाओं का–
डर से ख़ुद में सिमटी जा रही थी वह,
कान्ता के केशपाश, कुछ उलझे, कुछ सुलझे
उनींदे बंकिम स्मित, सुधा पान को तरसाते लव, मधुसिक्त,
मानो गुलाल से मानो अभिसारक ने उसके कपोल रेज दिये हों,

माथे की बिन्दिया–जैसे कमल पर भ्रमर,
उसके दोनों सुकुमार तलवे जैसे नृत्य के अवसान से थके हों,
पाज़ेब पद पंकज को जकड़े हुए, मधुसारिका!

अकेली सो रही हो मुग्धे?
कितना पास, कितनी दूर?

रजनी गतिमान, अब त्रियामा आ चला था,
प्रेमी युगल, आता पास, आता दूर!
सागर से गहरा उनका हृदय,
रस केलि में हृदय तन्तु आबद्ध, किन्तु अशरीर
दोनों एक-दूसरे में डूबे हुए, अनकहे, अनजाने,
किन्तु दोनों अपने किनारे पर
–बीच में अनश्वरता, सुरत्व का आलोक!

प्रभात की सुनहरी छटा से पूर्वांचल रक्ताभ हो चला था,
दोनों प्रेम शिरोमणि को प्रभात ने इस तरह कभी नहीं छुआ था,
उस रजनी में न तो राज़ था, न ही उस त्रियामा में तम!
बीती विभावरी में अखण्ड आलोक की विभा थी,
शिरोबिन्दु का जाज्वल्य!

आकाश शून्य नहीं है,
शून्य है तो उसके अन्दर रहने वाली स्थूल काया,
मयंक मौन नहीं है, प्रकृति अनिमेष है!
फिर ये कैसी यामिनी थी? कैसा स्नेह था?

कान्ता से पूछ बैठा कान्त–
क्यों क्या कहोगी इसे प्रिये?

बोल उठी कान्ता–
प्रेम सिर्फ़ हृदय का उच्छ्वास नहीं है,
धड़कन ही दिल का इतिहास नहीं है,
यह सिर्फ़ प्रेम है–
अन्तस की निर्बाध निर्झरी, महती प्रीति!

नौका

पतझड़ की झुर्रियाँ थीं उसके चेहरे पर,
चलती थी डगर डगर लाठी की टेक लेकर,
घर घर गुहार लगाये जा रही थी–
कुछ बेच रही थी शायद!
उम्र के बोझ से कमर झुक गयी थी,
पर आत्मसम्मान अब भी तन के खड़ा था,
उसके सर पर एक टोकरी थी,
या फिर कर्म की एक विराट नौका!

शिवांगी

तुम में है कुछ बात शिवांगी,
तुम हो मेरी ज़ज्बात शिवांगी
तुमसे है मेरी औकात शिवांगी,
तुम हो एक सौगात शिवांगी!
तुम मेरी पलकों पर बसी नींद हो,
मेरे जीवन की किताब की जिल्द हो,
तुम नहीं हो महज़ स्नेहिल अपनापन,
तुम तो मेरी प्रतीक्षा का समापन हो!
मुझे याद है तो तेरा आना,
चुपके से दिल में घर कर जाना,
फिर मुझ पर यूँ शासन करना,
जैसे हर बेटी अपने बाप पर ही कर सकती है!
पर ये कैसा शासन जो मुझे उन्मुक्त करता है,
कैसा आदेश जो दौड़ने को विवश करता है,
कभी सोचता तेरी हर बात क्यों मानता हूँ,
पर जब कहती हो पता नहीं क्यों मानता हूँ!
तेरे खिलौने भी मुझे कितने जीवन्त लगते हैं,
तुमसे जुड़ी सभी बातें मुझे बसन्त लगते हैं,
तेरा नक़ली ग़ुस्सा भी मुझे साल जाता है,
मान जाती हो तो फिर टकसाल जाता है!
तुम्हें स्कूल ले जाना मेरे ख़ास पल है,
तेरी कोमल कहानियाँ जैसे फूल के दल हैं,
नहीं सुनूँ तो गाड़ी हिला देती हो,

तेरे लम्बे लिस्ट सुनूँ तो मैं हिल जाता हूँ!
बाहर से आऊँ तो मुझमे ऐसे सिमटती हो,
जैसे कोई झुकी लता सहारा पाकर लिपटती है,
तुम जब सर पर नन्ही अँगुलियाँ फिराती हो,
मानो तुम थकान की खिल्ली उड़ाती हो!
तुमसे जब कहूँ तुम एक दिन चली जाओगी,
तुम मेरा बाल खींचकर दूर चली जाती हो,
फिर पास आकर कहती हो "कभी नहीं जाती",
पर मेरी आँखों का समन्दर तो गहरा जाती हो!

ख़ामोशी की गूँज

सवाल तेरे हाथ थे तो क्या,
जवाब मेरा बदन तो न था,
मेरा मौन मेरी कमज़ोरी कब थी,
मैं तो सदमे में थी,
तुमसे कम, ख़ुद से ज़्यादा लड़ रही थी,
तुम से लड़ती भी तो कैसे,
तेरा आगोश कितना सशक्त था,
मेरे विश्वास की दीवार ही गिर गयी थी,
मैं उसके मलबे तले दबी थी!

मैं होश में थी और तुम्हें होश दिला रही थी,
पर तुम्हें ये मदिर परिहास लग रहा था,
तुम्हें होश आया कहाँ, दिलाया गया,
तुमने इसे कुछ लम्हों का पागलपन कहा,
पर मैं जानती थी तुम कुछ और कहोगे,
यही न कि मैं रज़ामन्द थी,
ख़ामोशी हया से भी आती है,
नज़र भी उठकर क़ज़ा बनती है,
पर सनक नज़रें कब मिलाती है?

और ये कैसी आत्मग्लानि थी?
कितना क्षणिक तेरा पश्चात्ताप था,
ख़ुद कटघरे में खड़े होकर अँगुली उठा रहे हो,

पर मैं भी तो बेवक़ूफ़ हूँ,
सत्ता का नशा कब किसकी रज़ामन्दी पूछता है?
मैं भी भूल गयी थी–
हर चिराग के नीचे अँधेरा होता है!

मैं बस ख़ुद से लड़े जा रही हूँ,
अभी कितने शब्दों के बाण सहूँगी,
पर मैं अब अकेली कहाँ हूँ,
तुम्हें ख़ामोशी की गूँज सुनाई दे रही है?

डोरेमोन, तुम हो तो सब कुछ है

डोरेमोन, तुम हो तो सब कुछ है,
तुम मेरे दिल में घर कर गये हो,
उस घर में जहाँ मेरी बेटी रहती है,
वह तेरा नाम लेकर जगती है,
बस तेरी ही कहानियाँ सुनती है,
दादी-नानी के क़िस्से पुराने हो गये!

डोरेमोन, तुमने कभी डोळ-दलिच्चा खेला है?
तुम लुकाछिपी तो जानते होगे,
घघ्घो रानी कितना पानी खेला है?
मेरे बच्चों ने नहीं खेला है,
बस तुम्हें अपलक निहारते हैं,
तुम्हें देख ही खाना खाते हैं,
हमारे साथ तो बैठते तक नहीं,
तुम्हारी ही सुनते हैं,
तुम्हीं कुछ कहो,
समझाओ–माँ बाप भी कुछ होते हैं,
बताओ कि हम सिर्फ़ सर्विस प्रोवाइडर नहीं हैं,

डोरेमोन, हमारे बच्चे ख़ास हैं, पर तेरे पास हैं
उन्हें ज़रा हमारे पास भी आने दो,
तुम तो हो ही हमेशा डोरेमोन,
कहो, कुछ दादी के पास भी बैठें,

नानी बड़े प्यार से बेसन के लड्डू लाती हैं,
पर बच्चे बस तुम्हें ही देखते रहते हैं!

ज़रा बताओ, तुम में क्या है डोरेमोन,
और तुम कितने छोटे हो,
तेरा जियान भी कितना मोटा है,
सुनियों जैसा भी बच्चा होता है क्या,
नोबिता जितना कोई रोता है क्या,
ज़ीरो लाता है क्या!

हमारे बच्चे नहीं लौटा सकते तो हमें ही कुछ दे दो,
तेरे गैजेट कितने प्रभावी हैं,
तुम तो कुछ भी कर सकते हो,
कोई यन्त्र हमें भी दे दो,
बड़ी महँगाई है,
प्याज़ भी साठ पार हो गया है,
राशनवाले का भी उधार हो गया है,
देश भी अब नहीं चल पा रहा है,
बस तुम्हीं कुछ कर दो,
या फिर बच्चों को लौटा दो,
बेसुरे जियान के गाने बन्द करा दो!

अब बस कर

घर में रहूँ तो बेटी हूँ, बहन हूँ,
बाहर निकलूँ तो बस एक बदन हूँ!

बस पड़ाव पर अकेली खड़ी रहूँ
तो तेरी निगाहों में गड़ जाती हूँ,
चार क़दम धरती क्या नापी
तेरी नज़रों से नप जाती हूँ!

तुम मिलते मुझे भीड़ भरी बस में,
तेरे इरादतन स्पर्श से काँप जाती हूँ,
तुम हो कि निगाहें मिला नहीं सकते,
मैं हूँ कि नज़रें उठा नहीं पाती!

तुम मिलते हो मुझे ट्रेन के सफ़र में,
कभी पुलिसिया जवान की तरह,
कभी नाजायज़ अरमान की तरह,
अगर नहीं कर पाती तेरा सामना
कूद जाती हूँ चलती ट्रेन से,
मर जाऊँ तो ख़बर में सिमट जाती हूँ,
बच जाऊँ तो फिर भी मरती हूँ!

कभी सोचूँ, अगर हर दुपट्टा गवाही दे
तो कितनों को सज़ा मिले!

ये कैसा सच है औरत ही पुरुष को जन्म देती है,
पर उसी से डरती है, आग लगा लेती है
पर उसे कैसे पता हो–
कौन पतित है, कौन पावन है,
एक राम पर इतने रावण हैं!

सुनते हो जी

तुम कहती हो
मैं अब कुछ कहता नहीं,
सुनता नहीं,
क्या कहूँ ? क्या सुनूँ?
सब कुछ तो कह दिया है!
तुम्हें याद है पहली मुलाक़ात?
जब तुम कहती रहीं,
मैं सुनता रहा,
मैं कहता रहा,
तुम पास आती गयीं!
फिर सुनने और सुनाने का सिलसिला चलता रहा!
अब तो शब्द भी थक गये हैं,
नज़रें, पलकें ही सब कुछ कह देती हैं!
तेरी एक मुस्कान,
तुम्हारे भावों के कमान
बस कहते रहते हैं, सुनाते रहते हैं,
और तुम कहती हो मैं आजकल सुनता नहीं!
कहती हो "ज़रा घर में भी रहा करो"!
तुम्हें कब तक बताऊँ,
कैसे समझाऊँ
मैं तेरे दिल में कब से घर कर गया हूँ!
अरे अब बच्चों की सुनो,
स्वेटर में कुछ सपने बुनो,

कुछ उनके, कुछ अपने बुनो!
रही मेरी,
तो आज कह दूँ,
मैं सब सुनता हूँ,
कुछ अनसुना कर देता हूँ,
कुछ गुनता हूँ,
तेरी नहीं सुनूँ तो किसकी सुनूँगा,
बस तुम कहती रहो, मैं सुनता रहूँ,
और चलता रहे ये सिलसिला!
अरे, पति और पत्नी ही हैं
जो एक दूसरे की सुनते हैं,
और भला कौन किसी की सुनता है!

वो सुबह की नींद

तुम क्या जानो सुबह की नींद का आनन्द,
तेरे जगाने के बाद थोड़ी सी नींद चुराना,
वो अलस करवट और तकिये से गलबहियाँ,
आँखें बन्द किये हुए सोयी बेटी को दुलारना!

पर तुम भी हो कि चाय लिए आ जाती हो,
कहती हो "आलसी कहीं के, सोते रहते हो"
पता नहीं किस किस की दुहाई देती हो
–शर्माजी तो पाँच बजे तक टहल लेते हैं!

मैं जगता कहा हूँ, बस जागना पड़ता है,
मिल्खा न सही थोड़ा तो भागना पड़ता है,
पता नहीं जल्दी जागने वाले क्या करते हैं,
कहीं से फूल चुराते हैं भगवान को रिझाते हैं!

एक चावल-पसन्द क्या जाने सुबह जगने का राज,
माँ ने बचपन में एक बार सुबह जगाया था–
कहा था सुबह की पढ़ी बातें याद रहती हैं
पता है कैसे बेहोश हुआ और फिर कभी सुबह न जगा!

प्रमाद मेरी नस नस में है, नींद मेरे बस में है,
सिर्फ़ जागने से थोड़े ही सवेरा होता है,

देखो जागने की कोशिश तो करता हूँ,
तेरी चाय के लिए कुछ भी कर सकता हूँ!

देखो तेरा कितना ख़याल रखता हूँ,
बच्चों को तो कभी ननिहाल रखता हूँ,
मेरी अच्छी नींद का सबब तुम सब हो,
इतने अच्छे सपनों की वजह तुम सब हो!

नव वर्ष

हर वर्ष चुरा लेता है एक वर्ष,
फिर देता हमें नव वर्ष,
पर यह वर्ष भी कहाँ कुशल क्षेम पूछता है,
नन्ही को नहीं चूमता है,
बाबा का सर नहीं सहलाता है,
यह तो पहले की तरह रधिया को घूरता है,
रमुआ को पीटता है।

नयी कमीज़ का लालच लेकर किसी को वही रफ़ूगर कमीज़ मिलता है,
वैसे ही हमें हर वर्ष नव वर्ष मिलता है,
बस तारीख़ बदलती है,
इतिहास साये की तरह साथ-साथ चलता है।

शिलालेख

मैं शिलालेख पर उत्कीर्ण महज़ शब्द और लिपि नहीं हूँ,
मैं वर्तमान पर अतीत का हस्ताक्षर हूँ,
मैं ही सिकन्दर को कलन्दर बताता हूँ,
अशोक को भिक्षु बनाता हूँ।
समय की रेत पर उकेरे क़दम मेरे हैं,
बुद्ध और गांधी जैसे चितेरे मेरे है,
मैं समय का मानक हूँ,
जिस ओर क़दम कर दो मैं नानक हूँ।

प्रमेय

जीवन के गणित के सवाल से उलझा मैं,
अभी दीवार पर सर टकरा देता मैं,
तभी किसी ने कहा–ये लो सिगरेट,
मैंने पूछा–मैं?

अब सिगरेट का छल्ला उड़ रहा था,
सब कुछ धुआँ-धुआँ लग रहा था,
छल्ला मुझे वृत्त जैसा लग रहा था।

तभी किसी ने क़लम दिया,
और सिगरेट अब ज़मीन पर था,
छल्ला अब राख़ में तब्दील हो गया था,
मेरा प्रमेय अब सिद्ध हो चुका था–
छल्ला कभी वृत्त नहीं हो सकता।

कोई तो बताये

सहिष्णुता और कायरता के बीच क्या है?
पराक्रम और अभिमान के बीच क्या है?
मर्दन और आत्मसम्मान के बीच क्या है?
सामर्थ्य और विवशता के बीच क्या है?
राजनीति और कूटनीति के बीच क्या है?
पक्ष और प्रतिपक्ष के बीच क्या है?
सेना के जवान और पत्थरबाज़ के बीच क्या है?
सुहाग के लाल रंग और ख़ून के लाल रंग के बीच क्या है?
दिल्ली और कश्मीर के बीच क्या है?

एक सैनिक के पिता की ऊँचाई क्या है?
उसके देश प्रेम की गहराई क्या है?
उसके सीने की चौड़ाई क्या है?
उसके पोते को सैनिक बनाने की ही ज़िद की
सच्चाई क्या है?

तिरंगे में लिपटे शरीर और अमरत्व के बीच क्या है?
राजसत्ता के अतिपुंसक वक्तव्य और हमारे नपुंसक उद्वेग के बीच क्या है?

बेजान बुत

कभी कहते हो मैं कण-कण में हूँ
कभी कहते हो किसी ख़ास घर में रहूँ
तुम्हीं बताओ माजरा क्या है?
क्या सचमुच में मैं ही तेरा आसरा हूँ?
मुझे तुम लोगों ने समझ क्या रखा है?
मैं अगर ब्रह्म हूँ तो सारा ब्रह्माण्ड भी हूँ
तुम मेरे लिए क्या घर बनाओगे?
पहलो अपना बना लो
दो-चार ग़रीबों के बनवा लो
तुम मेरे लिए घर की बात करते हो
लगता है कि दीवारों में चुनवाने की साज़िश हो रही है
और ये धर्म संसद क्या है?
प्रजातन्त्र की संसद की तो तुम्हें फ़िक्र भर नहीं है
कोई सार्थक बहस तो करते नहीं
अभाव और अन्याय का हल ढूँढ़ते नहीं
घूम फिर कर त्रिपुण्ड धारी को आगे कर देते हो
और ख़ुद जाने कितने अनजान बने फिरते हो
मैं अगर ईश्वर हूँ तो खुला आसमान हूँ
मैं तो परिन्दों की परवाज़ में रहता हूँ
मैं तो तेरे आगाज़ और अन्दाज़ में हूँ
घर तो मुझे कभी रास आया नहीं
और एक घर का हुआ तो फिर तो बँध जाऊँगा।
और रावण भी तो कैलाश लंका नहीं ले जा सका

मैं चर हूँ तो मुझे विचरने दो
अपनी सत्ता के लिए मुझे क्यों लपेटते हो
शायद मेरी सत्ता का तुम्हें भान हो कभी
सारी सृष्टि बनायी तो एक घर भी बना सकता था
पर तुम हो कि घर-घर किये जाते हो
अब तुम लोगों से थक सा गया हूँ
जी करता है तुम्हारी धरती छोड़कर भाग जाऊँ
फिर बना लेना कोई घर
और रख देना एक बेजान बुत

ये जो उड़न तश्तरी है

जैसे नीली नदिया में बादलों का पहाड़
नयी घुनी हुई रुई के फाहे सा शफ़्फ़ाफ़
लगता है एक टुकड़ा बादल जेब में रख लूँ
सूरज की किरणें किसी माशूक की तरह
बादलों को अपने आगोश में समेटे हुए
कहीं यही तो वो स्वर्ग नहीं
जिसका ज़िक्र परियों की कहानी में है

कितना कलरव है अपनी धरती पर
उस पर बादल भी तो कम उमड़ते हैं
सूरज भी अब धरती देख तपने लगा है
निरभ्र आसमानी चादर मैली हो गयी है
धरती आसमान से क्या बातें करती होगी
कहती होगी तुम दूर ही रहो तो अच्छा है
कैसे सहोगे मुझमें समाहित इतनी राजनीति

तभी विमान में चहल-पहल से ध्यान बँटता है–
अब हम खाने-पीने के सामानों की बिक्री करेंगे
अदब से लबरेज़ परिचारक-परिचारिकाएँ
कमसिन लगती ट्रॉली पर खाद्य पैकेट्स
ऐसे लगते हैं जैसे स्वर्ग से पैक किये हों
ओनली फ़ॉर सेवेंटी, सर–हम झट से बटुए ढीले करते हैं
बदले में कॉर्पोरेट मुस्कुराहट मिलती है

इत्र की मिश्रित भीनी ख़ुशबू हवा में तैर रही है
सीट के ऊपर का बटन दबते ही टन्न की हल्की आवाज
और छोटी तश्तरी में पानी का गिलास हाज़िर
और फिर वही कॉर्पोरेट मुस्कुराहट
कोई काम अदना नहीं होता हम सुनते आये हैं
शालीनता में मुस्कुराहट मिला के तो देखिए
और आसमान में अदब की और क़ीमत है जनाब

बिज़नेस क्लास में अपग्रेड नहीं होने से नाराज़ आंटी
खिन्न होकर अपनी सीट पर लौट आती हैं
जैसे वो कोई सरकार बनाने से चूक गयी हों
फिर कुछ देर बाद समोसा मँगवाती हैं
खिड़की के बाहर ऐसे देखती हैं
जैसे दूर तक दिखती उजली रियासत उन्हीं की है
पर आगे वाली बिज़नेस क्लास सीट अब भी ख़ाली है

तभी टर्बुलेंस की चेतावनी आती है
कुर्सी की पेटी बाँधे हुए हम आँखें मूँद लेते हैं
बाहर का स्वर्ग अब मटमैला हो गया है
विमान अब कुछ हिलने लगा है
लगता है धरती क़रीब आ रही है
स्वर्ग सोचने में कितना सुहाना लगता है
लेकिन कोई स्वर्गवासी नहीं होना चाहता

आख़िर फिर सब कुछ शान्त हो जाता है
अब हम लैंडिंग के लिए तैयार हैं–
बत्तियाँ धीमी कर दी जायेंगी
खिड़की के पट खुले रहने दें
अब टेढ़ी-मेढ़ी जैसी भी है
अपनी धरती दिख रही है
चलिए फिर शह-मात खेलते हैं

माँ

तेरे नाम का एक दिन कैसे हो सकता माँ?
कभी सर्जक तो कभी सारा ब्रह्म है, पूरी कायनात है माँ,
तुम समय की धुरी हो, तुम अहर्निश चलती हो माँ,
तुम समयातीत हो, साँसों में रची-बसी हो माँ।

बचपन में तेरे आँचल का कोर हूँ माँ,
तेरे पीछे पीछे चलने से अब भी विभोर हूँ माँ,
मैं बिल्कुल अपने बाप पर गया हूँ–तू कहती थी माँ,
अपने हिस्से की मिठाई कैसे खिलाती थी माँ।

जब बाहर गया, सामान में सारा प्यार समेटा था माँ,
ज़्यादा दिन पर लौटता था तो मन कचोटता था माँ,
लॉज की अधपकी दाल की बात पर बिफर जाती थी माँ,
फिर तो खाने में जन्नत का स्वाद कैसे उतारती थी माँ।

तुमसे कुछ ज़्यादा दूर गया तो तू चिट्ठी लिखती थी माँ,
तेरे टूटे अल्फ़ाज़ में जुटन की कैसी सोंधी एहसास थी माँ,
सवा साल पर लौटा था तो पापा ने गोद में उठाया था माँ,
तू दूर खड़ी बरबस, अपलक मुझे निहारती रही थी माँ।

अपने काम में उलझा तो तुम्हें थोड़ा भूल गया माँ,
जीवन की आपाधापी में तुमसे दूर चला गया माँ,

तेरे झुकते कन्धों की कहानी मैं जानता रहा माँ,
कभी कुछ कर पाया, कभी न कर सका तो टूटता रहा माँ

अब जब सहारे को अपनी काँपती हाथ बढ़ाती हो माँ,
लगता है जैसे मेरी उँगुलियों ने पारस छू लिया है माँ,
तेरी लाचारी पर कभी-कभी खिन्न हो जाता हूँ माँ,
पर अब भी वैसा ही प्यार करता हूँ तुम जानती हो माँ।

तुझ पर कोई क्या लिखेगा, सब कुछ तेरा ही लिखा है माँ,
तुम सृष्टि का सातत्य हो, एक ही देखा-सुना ईश्वर हो माँ,
तुम्हें देखकर बाग के गुंचे कैसे इठलाते रहते हैं माँ,
उन्हें पता है माँ है तो कली फूल बनकर ही दम लेगी माँ।

मैं पत्रकार हूँ

मैं आदि पत्रकार नारद हूँ,
पवनसुत हनुमान हूँ,
तुलसीदास भी हूँ,
बस एक कड़ी हूँ!

पर मैं कौन हूँ?
एक महज़ संवाहक?
एक अदना सा ख़बरनवीस?
या फिर ख़बरों का व्यापारी?

या फिर वो जो आकाश की बातें पाताल तक ले जाता हूँ,
मैं सत्ता के क़रीब होकर भी उनसे बहुत दूर हूँ,
मैं सच कहने को मज़बूर हूँ,
उन्हें कहने दो मैं मग़रूर हूँ!

मेरा सच कहना अक्सर उनको साल जाता है,
पर उनकी आलोचना तो मेरे लिए विजय गीत है,
मैं झोंपड़ी की बातें महल वालों तक ले जाता हूँ,
मैं पगडण्डी के सड़क बनने की कहानी सुनाता हूँ!

मेरी औकात मेरी अद्यतन बाइलाइन है,
मेरी कहानी में गुल है और कारबाइन भी है,

मैं एक दिन का शोध विशेषज्ञ हूँ,
मैं कभी आधा अधूरा सच हूँ!

मैं एक कहानीकार हूँ,
मुझे शब्दों से बहुत प्यार है,
पर सम्पादक को तत्त्व चाहिए,
सत्य में अमरत्व चाहिए

मैं एक बहुरूपिया हूँ, एक अभिनेता हूँ,
सच पता करने के लिए झूठ भी बोलता हूँ,
सबको लगता है मैं उन्ही के लिए आया हूँ,
मेरी मंशा जान लें तो पिट भी जाता हूँ!

मेरी पूँजी मेरा जुनून है,
और पूँजी का लोभ मेरा ख़ून है,
एक दबी कहानी के धागे का सिरा हूँ,
कुछ न बदल पाऊँ तो एक सिरफिरा हूँ!

होली

होली एक स्पर्श है
एक स्नेहिल स्पर्श–
जिससे हम तुम दूर भाग रहे हैं
अपने जो पास हैं दूर हुए जाते हैं
दूर बैठा अनजान पास लगने लगा है

होली अपनों पर रंगों की बिसात है
पत्थर होते सम्बन्धों का पारिजात है
होली दम्भ और झूठ से निजात है
बड़ों के चरणों में गुलाल की पात है

होली एक विमर्श है,
एक इन्द्रधनुषी विमर्श–
जिसमें न जय है ना पराजय,
जिसमें तर्क सिर्फ़ प्रेम के अनुचर हैं
मन न भी मिले तो हम सहचर हैं

होली कीचड़ में कमल का एहसास है
होली तनाव और उम्मीद से परिहास है
होली मुक्त पवन और खुला आकाश है
होली बिन जीवन के सारे रंग उदास हैं

होली एक संघर्ष है,
एक अनवरत संघर्ष–
रंगों के निजीकरण से
बदलते सामाजिक समीकरण से
कलयुगी मसीहाओं के अवतरण से

होली मालपुए और गुझिये का रस है
होली कृष्ण का रास है
होली मिलने के बहुतेरे बहाने हैं
होली है तो कितने अनजाने अपने हैं
न होली तो फिर सब बेगाने हैं, सपने हैं

प्रेम

कभी-कभी सोचता हूँ–
प्रेम शरीर है या अशरीर
या फिर दोनों?
क्या प्रेम साँसों से घुलकर ही मंजिल पाता है
क्या बाहुपाश का स्निग्ध-उत्तप्त जकड़न ही है प्रेम?
मैं तो समझ नहीं पाया अब तक
केशपाश से उलझा रहा हूँ अब तक
मन के तार झंकृत नहीं कर पाता हूँ शायद
या फिर तुम मेरी धड़कनें गिनते हुए सो जाती हो!

प्रेम तो तब भी है–जब मैं कुछ न कहूँ
और तुम कुछ न कहकर सब कुछ कह जाओ
मेरी ख़ामोशी की सदायें दूर तक जाती हैं
और तेरा वाचाल मौन मुझे साल जाता है
न तुम रूठती हो
और न मैं मनाता हूँ
दोनों शायद ख़ुद को मनाते रहते हैं
पर पता तो चले कौन रूठा है?
किस बात पे रूठा है?

प्रेम अलसायी नींद की तरह है
–सोना भी अच्छा लगता है
और जागना भी ज़रूरी है

प्रेम कब देह है
कब विदेह?
और क्या मिलने भर से प्रेम शरीर है
और न मिलने से ही अशरीर?
बस ये द्वन्द्व चलता ही रहे
शरीर के अशरीर हो जाने तक!

इबादत

तेरी इबादत में इतना झुक गया हूँ
बाअदब-बेअदब का फ़र्क़ ही भूल गया हूँ

तेरी सोहबत में कुछ ऊपर उठने लगा हूँ
परिन्दों को लगता है मैं भी परवाज़ में हूँ

तुझसे रोज़ थोड़ी फ़क़ीरी सीख आता हूँ
माँगनेवालों को फ़क़त दुआ दे पाता हूँ

तेरी चाह में मैं धरती की तरह सिमटने लगा हूँ
दर्पण से आजकल अपनी औक़ात पूछने लगा हूँ

पर प्यार और इबादत में मैं झुकता क्यों हूँ
गर वो हमक़दम हो जायें ये सोचता क्यों हूँ

मन

मन एक बच्चा है–
वह कोमल है
नादान है
फूल की ख़ुशबू है
भौंरों का गुंजन है
रंग उसके लिए बस एक बिम्ब है
वह लिंग से परे है
वह न दीन समझता है
न ही दीनानाथ
उसका मन ही ईश्वर है
वही वेद मन्त्र है
वही अज़ान है
गुरबानी है
सभी धर्मों का सार है
खुला आसमान है

मन एक किशोर है–
उसे अब लिंग का भान है
कुछ लिंगभेद भी समझता है
वह अब एक ख़ास रंग है
मन की एक जाति है
धर्म है
पर वह अब भी नासमझ है

पर उसे समझाया गया है
मन एक प्रश्न है
उद्वेग है
उद्वेलन है
उधेड़बुन है
वह सब कुछ थोड़ा-थोड़ा है
अपने पिता का पुत्र है
अपने गुरु का थोपा ज्ञान है
मन रटंत विद्या है
न इधर है
न उधर है

मन यौवन है–
वह बरसाती नदी का उफ़ान है
उसे किनारों का कहाँ ज्ञान है
उसके पास कामना-सिक्त शरीर है
उसकी नज़र अधरों की लाली पर है
वह एक उत्तप्त आलिंगन है
एक गहरा चुम्बन है
वह प्रेम है
वासना है
संगमरमर सा तराशा बदन है
एक अल्हड़ बाला है
खिड़कियों से झाँकने की चाह है
माँ से नज़रें बचा कर छत पर जाने की ललक है
मन यौवन का दुर्वह भार है
अभिसार है
मन निशा निमन्त्रण है
समागम है
मन थोड़ा भटकाव है

ज़्यादा शरीर है
थोड़ा मन है
मन अश्लील है
एक आवरण है
मन भीतर से नग्न है
ऊपर से एक भद्र पुरुष है
कभी सहमी हुई नारी है
कभी एक माशूक़ है
कभी विद्रोह की आवाज़ है

मन चालीस की उम्र है–
वह एक गृहस्थ है
एक थका हुआ पति है
एक उकसाती हुई पत्नी है
एक उम्र है
जो जायज़ नाजायज़ से ऊपर है
जवान बने रहने की तमन्ना है
बालों से झाँकती सफ़ेदी से पलायन है
अधूरे स्वप्न की तिलमिलाहट है
एक सफलता के बाद दूसरा लक्ष्य है
अधकचरी नींद है
संयोग हो तो पति से प्रेमी बनने की यात्रा है
योग हो तो बस पति से प्रेमी बनने का प्रयास
मन बच्चों के सपने में ख़ुद को ढूँढ़ना है
हर माह अगले महीने की प्रतीक्षा है
पेट का दिल पर भारी पड़ने की कथा है
अपने बारे में कम सोचने का सफ़र है
मन कुछ बेमन है
मन थोड़ा मनगढ़न्त है

मन बुढ़ापा है–
एक याद है
यादों से शिकायत है
यादों से बेहद प्रेम है
डॉक्टर की कड़ी सलाह है
एक ज़िद्दी खाँसी है
एक पुराना फ़र्नीचर है
बिन माँगी सलाह है
बच्चों के फ़ोन का इन्तज़ार है
उन्हें घर बुलाने की ज़िद है
हर पल उनके आने की आहट है
मन एक माली है
जिसे गुलाब और काँटों में कोई फ़र्क़ नहीं दिखता
बाज़ार से सामान लाता बाबा है
कन्धों के झुकने की लम्बी कहानी है
अपने पोते-पोतियों का ख़ास दोस्त है
मन इस जीवन के लिए धन्यवाद है
मन है तो जीवन है
मन बीज है
मन उर्वर है
मन बंजर है
मन योगी है
भोगी है
वियोगी है
ढोंगी है
कुछ बातें मन में ही क़ैद है
मन सब कह दे,
तो फिर मन क्या है

पत्नी

मैं कड़क चाय की चुस्की भी,
तुम्हारी चाही-अनचाही व्हिस्की भी,
तेरी अलसाई नींद में ख़लल भी,
पल दर पल की दख़ल भी!

मैं गद्य-पद्य का विषय नहीं,
रंगीन स्वप्नों का अनुनय नहीं,
किसी कवि की कल्पना नहीं,
घर की छाप-तिलक, अल्पना नहीं!

मैं तो सिर्फ़ तुम्हारी पत्नी हूँ

तुम्हारे बच्चों की माँ हूँ,
तुम्हारी सब बात में हाँ हूँ,
तुम्हारा अनुत्तरित प्रश्न हूँ,
तुम गर चाहो तभी जश्न हूँ!

मैं अपनी रसोई की तीखी चाट हूँ,
तुम जिससे तुल न पाओ वो बाँट हूँ,
मैं अबूझ-अनकहा जज़्बात हूँ,
तेरी चाही-अनचाही सौग़ात हूँ!

मैं तो सिर्फ़ तुम्हारी पत्नी हूँ!

तेरी राह तकना मेरे लिए आम बात है,
मैं ज़रा देर से लौटूँ तो आँसुओं की बरसात है,
तुम कहो तो तुम्हारा अधिकार है,
मैं कहूँ तो मुझ पर धिक्कार है!

मैं तो सिर्फ़ तुम्हारी पत्नी हूँ

तेरे हल्के बुख़ार पर रात भर जगती रही,
मैं मुँह दबा के भी खाँसू तो तुम्हें खलती रही,
मैं दिन-रात एक कर तेरा घर सँवारती रही,
तुम्हीं कहो, जगती रही या सदियों से सोती रही!

पर तुम सोचो कि क्या मैं सिर्फ़ पत्नी हूँ?

जिसे अपने कलेजे से चिपकाये फिरते हो,
अपने जीने की वजह कहते हो, उस पर दम्भ भरते हो
मैं उसके अस्तित्व की वजह हूँ, उसकी माता हूँ,
तेरे लिए पत्नी सही, औरों के लिए दूजी विधाता हूँ!

तुम अगर पूजा, मैं पंचगव्य सही,
तुम गर आराधना, मैं अर्घ्य सही,
मैं ही हूँ तेरे स्वप्न की वो सुन्दर आकृति,
तुम गर चंचल पुरुष, मैं ठहराव और प्रकृति!

मेरा आँचल कोमल, लचीली लहरें हैं,
उन लहरों पर तुम प्रेरणा की लकीरें हो,
मुझसे ही रामायण और गीता है,
रत्ना, मन्दोदरी और सीता है!

तुम बनो शाहजहाँ तो मैं मुमताज हूँ,
आगोश में भर कर तो देखो, हमक़दम, हमराज़ हूँ,
नहीं चाहिए मुझे कोई ताजमहल,
बने रहने दो अपने दिल की एक
अनकही ग़ज़ल

घर

लोग मकान बनाते हैं
घर तो ख़ुद ही बनता है
घर भले ही आवरण हो
पर घर वो जगह है
जहाँ हम अपना आवरण उतारते हैं
बाहरी दुनिया सावधान की मुद्रा है
घर उन नियमों से विश्राम है

गद्दे पर तनी हुई चादर बस कोरे नियम हैं
बिस्तर की सिलवटें गवाह हैं
अच्छी नींद की, घुली साँसों की
अच्छे स्वप्न की, नियमों से निजात की

वो घर क्या घर होगा–
जब कभी पलंग पर भीगा तौलिया नहीं रखा
जब रात में खोली हुई चप्पल सुबह न मिले
जब एक पैर की जुराब अक्सर ग़ायब मिले
जब भोजन की मेज़ पर दो चार सामान न मिले

जब हमारी नज़र अतिथि के पदरज पर न हो
जब कोई भी व्यक्ति हमेशा धूल से ऊपर लगे
और अतिथि हमें चेहरे की रंगत से जाने
न कि कमरे की साज सजावट से

जब हम अपनों से कभी न थकें
थोड़ी अपनी कहें थोड़ी उनकी सुनें
घर वो है जहाँ–
हम बच्चों के खिलौने हमेशा समेटा नहीं करते
कुछ ख़ुशियाँ बिखरी हुई ही अच्छी लगती हैं

बरगद

कभी-कभी सोचता हूँ
तुम्हारी जड़ें नीचे भी हैं ऊपर भी
मैं ज़मीन की सतह हूँ
और तुम मेरा जड़ और चेतन हो
मेरी मिट्टी को नीचे से बाँधे हुए हो
और ऊपर से झूलती जड़ें मुझे उम्मीद से भर देती हैं

जब जब मेरी सतह पर कुछ कामनाओं के बीज पनपे
गुलाब की चाहत में कुछ बबूल उग आये
तुमने मुझे चेताया–
बरगद तले कुछ भी नहीं होता
कामनाएँ तो बिल्कुल नहीं
कुछ पीपल मुझे आतुर निगाहों से देखते हैं
पर तुम्हारी जड़ें मुझे बाँधे रखती हैं

दुनिया तुम्हें यूँ ही कोसती रहती है
उनमें से बहुत तो यायावर हैं
जो कभी ठहराव नहीं जानते
जो बन्धन से मुक्त हैं
वह कभी बरगद नहीं होता

तुम्हारी झूलती जड़ें एक दिन मुझे बाहुपाश में जकड़ लेती हैं
नवांकुर होगा तो तेरे नाम का ही होगा
पीपल ने मुझे और मैंने पीपल को देखना बन्द कर दिया है
मेरी नियति तुम्हारी ही छुअन है
तुम अगर बाँधना जानते हो तो मैं भी बँधना जानता हूँ

तेरी मुस्कराहट

तेरी ज़ुल्फ़ों को यूँ ही लोग बदली कहा करते हैं
और तेरे चेहरे को चाँद कहना भी पुरानी बातें हैं
अब हमने जाने तेरे उन्मत्त गेसुओं के राज़–
तुम इनसे अपनी मुस्कान कैसे समेट लेती हो
और तेरी आधी हँसी के मायने तलाशने में
क्यों सदियों लग जाते हैं

और मुस्कराहट का मतलब हमने कब जाना
या तो मतलब से मुस्कराये या फिर बेवजह
पर तेरी मुस्कराहट में कुछ बात है
वो बात जो जोड़ जोड़ की ज़िन्दगी में नहीं होती
ज़िन्दगी शायद ख़ुद ही बेजोड़ है मुस्कुराने के लिए

बिस्तर की सिलवटों में मुस्कान के कितने राज़ छुपे हैं
अच्छी नींद और भरपूर प्रेम सब एक मुस्कान के मुरीद हैं
तेरी मुस्कान दो खिंची तलवारों के बीच युद्ध विराम है
कुछ बेअदब यूँ ही मुस्कराते रहते हैं आजकल
उन्हें ज़रा समझा दो हँसी ठट्ठा नहीं है हँसना

नदी

जब हम मिले हम नदी थे–
उद्दाम धार जिसकी
हम बस बहते जा रहे थे
निर्बाध, निस्तन्द्र
एक बाँध तुम
दूसरा मैं
हम साथ बह रहे थे
पर अपनी बाँध की फ़िक्र थी
हमारे बीच प्रवाह था
हम उन्मत्त थे
अपनी लहरों का बहुत गुमाँ था
जैसे यौवन को रूप का होता है
ठहराव नदी की नियति नहीं
पर हम बस बहे जा रहे थे
फिर तुमने झकझोरा
अतृप्त खेतों की तरफ़ इशारा किया
नदी बस यूँ ही नहीं बहती
बाँध तो कृत्रिम है
उसे यहाँ वहाँ टूटने दो
धार को कोई वजह दो
नव अंकुरण का
तुम अपना किनारा छोड़ती गयीं
मैं भी उर्वर मिट्टी खेतों में बहाता गया

अब नदी नैसर्गिक हो गयी है
बाँध का अहम् टूट गया है
अब नदी को विस्तार दिख रहा है
अपने कोष का अभिमान नहीं
कभी रोष तो उसका भान नहीं
हम अब भी नदी हैं
हमारी नज़र अब जड़ों की नमी पर है
हमसे निकली भड़ीका के गन्तव्य पर है
नदी एक शाश्वत यात्रा है
शिव की जटाओं से शिवांगी के आंचमन तक
अब तुम कहाँ हो, मैं कहाँ हूँ
हम बस नदी हैं
सागर में मिलने से पहले बहुत कुछ करना है
तुमसे अब भी बहुत कुछ कहना है
अब भी बहुत कुछ सुनना है।

प्रतिपक्ष

तुम कहती हो–"मैं किसी कटे पेड़ की तरह रोज़ गिरती हूँ,
और सुबह कोपलों की तरह उगती हो",
तुम कितना सच कहती हो,
कहाँ से लाती हो इतना धैर्य?
कहाँ से आता है इतना समर्पण?
तुम निष्काम भाव से लगी रहती हो,
कोई तुलसी हो जाता है,
और उस रत्ना को भूल जाता है,
वाल्मीकि रामायण लिखते हैं,
सीतायण का विचार किसी को नहीं आता!
अहल्या ही कब तक शिला बनती रहेगी,
और प्रतीक्षा करती रहेगी किसी श्रीराम की!

किन्तु मेरा भी पक्ष है,
थोड़ा पतिपक्ष, थोड़ा प्रतिपक्ष,
कब तक मौन का सहारा लोगी?
संवाद करो, शब्द प्रहार करो,
तुम जब कटे पेड़ की तरह गिरती हो,
मेरे हृदय की अवनि पर गिरा करो,
वो सब कुछ कहा करो,
जो मैं समझते हुए भी नहीं समझता हूँ,
मैं भी कोपलों की तरह उगना चाहता हूँ,

जानना चाहता हूँ क्या होता है सीता होना,
बहुत सहज है स्वच्छन्द आकाश हो जाना,
बहुत कठिन है धरती होना और कठिनतम नारी होना

---

*यह पंक्ति 'कनुप्रिया' की एक कविता से ली गयी है।

करवट

लगता है कलयुग अपने अन्त की ओर अग्रसर है,
और सतयुग आने की दुन्दुभि जल्द ही बजेगी,
प्रकृति अब अपना सन्तुलन बनाने लगी है,
मानव ने उसकी चेतावनी सुनी ही नहीं,
अपनी अट्टालिका बनाने की धुन में सब कुछ भूल गया,
सरपट दौड़ रहा था अपने लोभ और दम्भ के साथ,
प्रकृति ने सोचा मानव को उसकी न्यूनता बताई जाये,
स्पर्श संक्रमण के एक ही वार से मनुज तिलमिला गया,
सारी धरती विकल हो गयी है एक ही प्रहार से,
प्रकृति ने पूछा–अब बताओ कहाँ जाओगे?
चाँद पर या मंगल ग्रह पर या फिर रसातल में,
अभी तो केवल मेरी एक भृकुटी ज़रा तनी है

जैसे अर्जुन के खाण्डवप्रस्थ विनाश से नागराज दहल गये थे
आज के सारे मानव-नाग अपने बिलों में घुसे हुए हैं,
और हवाओं से कम हो रहा है ज़हर धीरे-धीरे
सड़क पर पशु-पक्षी विचरण कर रहे हैं,
ये वही हैं जिनके घर हमने तोड़ डाले थे,
धरती का ज्वर भी अनायास कम लगने लगा है
कोलाहल और आपाधापी एकदम शान्त हो गये हैं,
नीरवता का संगीत सुनाई देने लगा है,

धुन्ध जो छटा सीता के द्वार से हिमालय दिखने लगा है,
सत्तासीनों के महलों पर मोर नाचने लगे हैं,
समय का घर्घर नाद साफ़ सुनाई दे रहा है,
प्रेम, करुणा और सह अस्तित्व एक मात्र उपाय हैं!

नमस्ते

प्रणाम, नमस्कार, नमस्ते, प्रणिपात,
ये तो सदियों से हमारे संस्कार थे,
पश्चिम से एक हवा चली,
और आतिथ्य शरीर हो गया,
हाथ मिलाने की परम्परा चली,
हमारा नमस्ते प्राचीन हो गया,
हमने भी ख़ूब हाथ मिलाये,
और प्रगतिशील हो गये,
हाथ मिले, गले भी मिलने लगे,
आलिंगन की कूटनीति चल पड़ी,
दैहिक सम्पर्क आतिथ्य में समाने लगा।

फिर चीन से एक हवा चली,
सतह संचार से दुनिया त्रस्त हुई,
महाशक्ति भी थर्रा गयी,
हमने अपने हाथ पीछे कर लिये,
चेहरा छुपा लिया,
गहन सम्पर्क वाले अस्पृश्य हो गये,
घर में छिपने लगे,
दोस्तों के साथ चाय का दौर ख़त्म हुआ,
आशंका का युग शुरू होता है,

पता नहीं कौन कहाँ से आया है,
किस जमात से लौटा है।

डरते डरते हम फिर नमस्ते करने लगे,
डर से ही सही संस्कार लौट आया है,
आलिंगन-चुम्बन भी अब सहज कहाँ?
बाँहों में बाँहें डाल बहुत नृत्य हुए,
अब लौट आइये नमस्कार की मुद्रा में।

वापसी

ऐसी वापसी किसने सोची थी,
पर जब पेट में आग धधकती है,
और जेब में फूटी कौड़ी न हो,
तो परदेसी क्या करे,
सरकारी वादे जब खोखले हो जायें,
भविष्य जब तिमिर से भरा हो,
तब घर की ही याद आती है,
इन पैरों ने तो दुनिया नापी है,
कुछ हज़ार किलोमीटर क्या है,
देश में बन्द की घोषणा है,
फिर भी हज़ारों निकल पड़ते हैं,
बच्चे, महिलाएँ, बुजुर्ग,
साइकिल के डण्डे पर सोता बच्चा,
बाप पूरी शिद्दत से आगे बढ़ता हुआ,
वापसी की ऐसी तस्वीर अभूतपूर्व है,
ढुलमुल व्यवस्था दोषारोपण में व्यस्त,
वापसी से अपने भी नाख़ुश,
ये कैसा संक्रमण काल है ?
सबके धैर्य की अग्नि परीक्षा है,
क्या व्यक्ति, क्या सरकार,
सड़क पर चलता हुआ हुजूम,
पलायन का आईना दिखा रहा,
कहीं वो चाँद से भी तो नहीं लौट रहे

सत्ता के उत्तुंग शिखर पर से उतरिये,
आपकी जनता आ रही है,
उन्हें आपका सिंहासन नहीं चाहिए,
आपके नेतृत्व की असली परीक्षा है,
संक्रमण को रोक लीजिए,
वो हर तरफ़ गठरी बाँधे निकल पड़ा है

छुअन

कितनी तेज़ी से भाग रहे थे!
क्या पाना था?
कितना पाना था?
किसके लिए पाना था?
लौटकर भी घर ही तो आना था!

अब कैसा लग रहा है?
प्रलय की आहट सुन रहे हो?
जीवन है तो गति है,
गति ही जीवन नहीं है,
अदृश्य बेड़ियाँ कैसी लग रही हैं?
सब कुछ थम सा गया है
अल्पविराम का मतलब समझो
ठहराव का मर्म जानो

सब कुछ द्रुत चाहिए था तुम्हें
अब धैर्य क्या कह रहा है?
गले नहीं मिलोगे दोस्त
एक छुअन से डर गये

अब जब घर में हो
अंक में कुछ समेट लो
जिस पर तुम्हारी नज़र नहीं गयी

वो पुराने एल्बम तुम्हें बुलाते हैं
वो रिश्ते जो यान्त्रिक हो गये थे
उनमें माटी की सौंधी महक भर दो

पता है बाहर हाहाकार मचा है
पर अन्दर का कोलाहल कुछ शान्त हुआ है
बेड़ियों की बात छोड़ो
शबनम की ज़ंजीरों की बात करते हैं
आँखों में आँखें डाल के देखते हैं
वो, पलक झपकाने वाला खेल खेलते हैं

मेरे शिव

मैं नहीं जानता शिव कौन हैं,
पर उनका स्वरूप विस्मित करता है,
कोई मुकुट नहीं,
न ही रेशमी आवरण,
शिव के पास है ही क्या?
—अर्ध चन्द्र, त्रिशूल, डमरू, साँप
श्रृंगार में सिर्फ़ अर्धचन्द्र है,
क्योंकि उसे वचन जो दिया था
शेष सब जनवादी है,
रक्षा के लिए त्रिशूल,
प्रतिकार के लिए सर्प,
संगीत-नृत्य के लिए डमरू,
कितना कम है शिव के पास,
और तब जब सब उनका है,
शायद शिव कोई आम आदमी है,
शायद ईश्वर आम आदमी ही है,
आवरण ही भगवान नहीं बनाता,
रेशम ज़रूरी नहीं शिव बनने के लिए,
रहने के लिए कैलाश,
दुरूह और दुर्गम,
सहयोगी नन्दी और भूत पिशाच,
फिर भी इतना तटस्थ धैर्य,
तीसरी आँख आत्मावलोकन,

उसकी ज्वाला सत्य की कसौटी,
शिव किसी गुफा में नहीं,
मन की गुफा में क़ैद हैं
ताण्डव चल रहा है,
बस दिख नहीं रहा है,
शिव को बाहर निकलना ज़रूरी है,
बस एक बार आँखें तरेर ले,
कुछ त्रिपुण्डधारी स्वयं को जो शिव समझ बैठे हैं
उन्हें समझाना ज़रूरी है कि आशुतोष
कभी-कभी रौद्र रूप भी धरते हैं

मैं कहाँ हूँ?

मैं हवा हूँ,
मैं गिरनार में हूँ,
अमलतास में हूँ,
आम की मंजरी में हूँ,
महुआ में भी,
बेला की ख़ुशबू में भी,
मकरन्द के परागकण में भी!

मैं पहाड़ों से टकराकर,
जंगलों से लहराकर,
मैदानों से विचरते हुए,
तुम्हारे गाँव पहुँचती हूँ,
तुम्हारे आँगन में ठिठकती हूँ,
तुम जब खाट पे सोते हो,
तुम्हारा सर सहलाती हूँ,
कभी मीठी सिहरन जगाती हूँ,
तुम भी मुझे चादर में समेट लेते हो,
अंक में भर लेते हो!

मैं वो लाल वाली तितली हूँ,
जिसे तुम कभी पकड़ नहीं पाते,
बच्चे ये बोल के मुझे उड़ा देते–

'उड़ उड़ गे टिकनी, जंडा घर में बैठनी'!
मैं अठखेली हूँ,
धान की बालियों में हूँ,
तुम्हारी तमाम लालियों में हूँ,
तुम्हारी प्रेमिका के दुपट्टे में हूँ,
मसाला पीसती काकी के सिलबट्टे में हूँ!

पर जब मैं गाँव से शहर जाती हूँ,
बोझिल हो जाती हूँ,
तुम्हारा शहर कितना धुआँ-धुआँ है,
मेरी साँसें ठहर जाती है,
तुम्हारे वाहन बड़े कानफाड़ू हैं,
कितने विषाक्त हैं,
तुम्हारा शहर कितना धूल-धूल है,
यहाँ के पेड़ कितने सहमे रहते हैं,
आसमान तो नीला होता है न,
ये स्याह अम्बर कहाँ से ले आये?

मुझे नहीं रहना तुम्हारे शहर में,
मेरा दम घुटा जाता है,
तुम मशीन लगाकर धूल सोखते हो,
मास्क पहन घूमते हो,
प्रकृति की प्रचुरता का तुमने सम्मान नहीं किया,
पानी को तुमने रसातल में पहुँचा दिया,
तीसरा विश्वयुद्ध जल के लिए होगा,
और चौथा शायद मेरे लिए,
फिर पीठ पर ऑक्सीजन के सिलिंडर लिए फिरना,
क़तरा-क़तरा उखड़ती साँसें जोड़ना,
फिर भी शहर-शहर ही खेलते रहना!

बहुत हुई मुझ पर ग़ज़ल,
जब तक न हो कोई बड़ी पहल,
सबसे कह दो–
अब यहाँ नहीं हूँ मैं,
जिस जगह हूँ,
वहाँ नहीं हूँ मैं!

रात

क्या रात सिर्फ़ दिन की अनुपस्थिति है?
क्या रात सिर्फ़ प्रकाश का अभाव है?
आख़िर रात क्या है?
क्या रात तम का कोष है?
या सुकून की चादर!
नीरवता का संगीत!
नींद का आगोश!
स्वयं से मिलने का समय!
स्वयं का अनावरण!
आत्म साक्षात्कार!

रात निशा भी है,
निशा कितनी ख़ामोश है,
निशा गर्म आगोश है,
निशा कितनी नि:शब्द है,
निशा कितनी अक्षुण्ण है,
निशा कितनी सौम्य है,
निशा कितनी उदास है,
फिर भी कितनी आसपास है,
निशा है तो सवेरा है,
निशा है तो कहाँ अँधेरा है!

निशा रजनी भी है,
रजनी कितनी धवल है,
रजनी कितनी प्रांजल है,
रजनी कितने रंगों को समेटे है,
रजनी श्याम है,
रजनी कृष्ण है,
रजनी सुमधुर है,
रजनी ग़ज़ल है,
रजनी ख़ूबसूरत पहल है,
रजनी हर कोलाहल का हल है!

रजनी रैन भी है,
रैन आँचल का अँधेरा है,
प्रियतम की बाँहों में बसेरा है,
दिन तो बस सोचता रहता है,
रैन सब कुछ कह देती है,
दिन उद्विग्न-उन्मन रहता है,
रैन क्लान्ति से विश्राम है,
दिन अभिनय है,
रैन चेतना का विस्तार है,
दम्भ से निजात है!

कहते हैं हिन्दी दिवस है

हिन्दी गाँव है,
अंग्रेज़ी शहर है,
हिन्दी गुज़र है,
अंग्रेज़ी बसर है,
हिन्दी बस अन्न है,
अंग्रेज़ी मेवा है,
हिन्दी चारदीवारी है,
अंग्रेज़ी उन्मुक्त है,
हिन्दी शुद्ध है
अंग्रेज़ी रुद्र है,
हिन्दी संस्कार है,
अंग्रेज़ी पलायन है,
हिन्दी मन है,
अंग्रेज़ी पेट है
हिन्दी आत्मा है,
अंग्रेज़ी सुडौल शरीर है,
हिन्दी व्याकरण में उलझी है,
अंग्रेज़ी अन्य भाषा से सहज मिलन है,
हिन्दी घर के दरवाज़े पर सख़्त दादाजी है,
अंग्रेज़ी दोस्तों का बरबस हास-परिहास है,
हिन्दी शास्त्रीय संगीत है,
अंग्रेज़ी आसान सा गद्य है!

हिन्दी एक दिवस क्यों है?
वर्ष या सनातन क्यों नहीं है?
संस्कृत को हमने देववाणी बना कर रख दिया,
पाणिनि की क्लिष्टता से उबरने न दिया,
और हिन्दी को राष्ट्रभाषा बनाकर आगे बढ़ गये,
अंग्रेज़ों ने हमें अपनी भाषा से घृणा करना सिखाया,
हम मैकॉले से हार गये,
अपने बच्चों को अंग्रेज़ी स्कूल भेजने लगे,
यही तो थी अंग्रेज़ों की विस्तार नीति!

हमने हिन्दी को कभी सरल होने न दिया,
एक गाय की तरह खूँटे से बाँध दिया,
और डालते गये प्रतीकों के घास-चोकर,
हमने हिन्दी को देश भ्रमण भी नहीं कराया,
हिन्दी फॉरेन रिटर्न्ड होकर रह गयी,
अंग्रेज़ी के वीज़े पर तमाम देशों की मुहर है,
अपनी हिन्दी यदा-कदा विदेश विचरण करती है,
वो भी प्रतीक बनकर, एक गर्वीला तिलक बनकर!

हिन्दी घर पर ही छूट गया पिता है,
अंग्रेज़ी रोज़गार देनेवाला बॉस है,
सच है सपने हिन्दी में ही आते हैं
पर उन सपनों का अनुवाद अंग्रेज़ी करती है,
क्या हुआ कि हम सोचते हिन्दी में हैं,
लेकिन काम तो करते अंग्रेज़ी में ही हैं न!

कहते हैं हिन्दी दिवस है,
कुछ निबन्ध लेखन होगा,
सूट पहने कुछ लोग पुरस्कार देंगे,

हम साल भर तमगा देख मुग्ध होते रहेंगे,
अगले सुभाष्य लेखन तक!
कहते हैं हिन्दी दिवस है,
बस कह दो कि हम विवश हैं!

जड़ें और विस्तार

शाश्वत,

तुमने धान का पौधा देखा होगा शायद,
उसकी जड़ें कितनी पास पास होती हैं,
कितनी सुदृढ़, कितनी संघनित होती हैं,
माँ-बाप के कहे-अनकहे प्यार की तरह,
पर धान को अपनी जड़ों से छूटना पड़ता है,
मिट्टी को सींचकर कोमल बनाया जाता है,
बिल्कुल कान्हा के माखन की तरह,
माँ के स्निग्ध स्पर्श की तरह,
और फिर उसे जड़ों से अलग करते हैं!

मुझे याद है तुम्हारे स्कूल का पहला दिन,
जब तुम पूरे तीन घण्टे रोते ही रहे,
जड़ों से पहली बार अलग जो हुए थे तुम,
मैंने जब तुम्हारे अश्रु-सिक्त कपोल देखे,
बरबस रो पड़ा—चुपचाप,
फिर कहा चलो नहीं पढ़ना-लिखना,
लेकिन ऐसा भला होता है क्या?
अगले दिन तुम फिर स्कूल गये,
और बसने लगे अपने बस्ते के साथ,
तुम्हें लहलहाना था धान की तरह!

देखते-देखते वक़्त फिसलता गया,
पोकेमोन-डोरेमोन छोड़ आगे निकल गये,
और मुझे अच्छी अंग्रेज़ी फ़िल्म दिखाई,
माँ के अच्छे दोस्त बनते गये,
और शिवांगी के जानी-दुश्मन,
मुझसे आँखों से ज़्यादा बात करने लगे,
मुश्किल क्षणों में मुझे हमदर्द बनाया।

अब तुम धान नहीं एक तरुण पेड़ हो गये,
तुम्हें एक बार फिर जड़ों से छूटना था,
इस बार दर्द बड़ा लगा–उन्नीस साल लम्बा,
लोग बेटियों की विदाई की बात करते हैं,
बेटे भी तो विदा ही होते हैं,
नि:शब्द दर्द के साथ, बिना किसी शहनाई,
गाजे-बाजे के
तरुण पेड़ को कहीं और लगाना था,
तुम्हें और जो लहलहाना है!

बंगलोर से लौटे वक़्त न तुमने कुछ कहा,
न ही मैंने, कहने को बहुत कुछ था,
पर तुम सब जानते ही हो,
आते वक़्त ठीक से गले भी न मिल पाया,
एयरपोर्ट जाते वक़्त बस रोता रहा,
संघनित प्यार–जैसे बादल का फटना,
मैं भी उमड़-उमड़ के बरसा,
कमज़ोर नहीं हूँ, पर एक बाप जो हूँ!

तुम्हारा कमरा साल जाता है,
गोल तकिये से गलबहियाँ कर लेता हूँ
तुम तो ज़्यादा बात करते नहीं,
लेकिन तुम्हारा कमरा बहुत बोलता है,

तुम्हारी सारी चीज़ें वैसी ही हैं,
बस कुछ बेतरतीबी कम हुई है,
आओगे तो गिटार के तार ठीक करवा लेना,
और अब से डाइनिंग पर साथ खाना!

अब तुम आओगे तो जश्न होगा,
वृक्ष और तरुण पेड़ के मिलन का उत्सव,
तुम्हारे मनपसन्द व्यंजन की सूची तैयार हैं,
तुम्हारी माँ उन सात दिनों की प्रतीक्षा में है,
अब तो यही सिलसिला होगा,
यही शाश्वत सत्य है,
यही होना चाहिए,
संघनित जड़ें एक दूसरे में उलझ जाती हैं,
जड़ों की चेतनता उसके विस्तार में है!

ख़ून भी तो लाल ही थे

शहर में दंगा क्यों हुआ था
शहर नंगा क्यों हुआ था
दंगे में दो अलग जिस्म देखे थे
ख़ून भी तो दोनों के लाल ही थे
फिर शहर में दंगा क्यों हुआ था

गीता में श्रीकृष्ण ही अब मदद को पुकार रहे
कुरान में मुहम्मद अब आयत सँभाल रहे
क्योंकि शहर में दंगा हुआ था
शहर नंगा हुआ था

वो ख़ून बहाकर एक हो जायेगा
अपने हिस्से की फ़सल काटेगा
हमारा ख़ून बहकर एक हो गया
पर हम कभी एक न हो सके!

दर्द

कुछ अज़ीज़ दर्द बाँटे नहीं जाते,
सीने में चुभे काँटे छाँटे नहीं जाते,
कुछ दर्द दफ़न ही रह जाते हैं,
इन्सान के फ़ना हो जाने तक।

दर्द तेरी कितनी शक्ल हैं?
कितने हमशक्ल हैं?
तुझे ख़ुशी से क्या बैर है?
दुख से इतना दोस्ताना क्यों है?

दर्द तुम कभी माशूक़ की आँखों का पानी हो,
नूर बिन जीवन की बदशक्ल रवानी हो,
पता है अज़ल से तुम बहुत रूमानी हो,
तुम्हें क्या लगा सिर्फ़ तुम्हीं जीवन की कहानी हो।

दर्द तुम्हें पता नहीं अपने क्या होते हैं,
अपनों का दर्द अपनाना क्या होता है,
दर्द तुम्हारे भी तो दोस्त-प्रियवर होंगे,
तो फिर दर्द क्या है तुमसे कहते होंगे।

इतना दर्द मत दो कि तुम्हारी कोई क़ीमत न रहे,
आख़िर जीवन है तो तुम्हारी शोहरत है,
दर्द का दवा हो जाना बस एक सुहाना भ्रम है,
तुम कम हो जाओ कि मेरी आँख अभी तक नम है।

कितना मैं

कभी-कभी मैं अनायास सोचता हूँ,
मैं कितना मैं हूँ,
कितना मेरे लिए हूँ,
कितना पुत्र हूँ,
कितना पिता हूँ,
कितना पति हूँ,
कितना भाई हूँ,
कितना इन्सान हूँ।

ये सन्तुलन बनाता कौन है?
कौन तय करेगा कि यही सही सन्तुलन है?
टुकड़ों में बँटी ज़िन्दगी,
फिर भी ख़ूबसूरती से उलझी हुई,
पेचोखम को कोई सुलझाता नहीं,
जो सुलझाना चाहे वही उलझ जाये,
फिर सन्तुलन का भी धैर्य जवाब देता होगा।

पर जिसे मैं टुकड़ों में बँटी ज़िन्दगी कहता हूँ,
मेरी अलग-अलग भूमिका का संयोजन है शायद,
कभी एक डोर ज़्यादा खिंच जाती है
तो कभी दूसरी,
पर दोनों आहत उँगलियाँ मेरी ही हैं,
उन उँगलियों पर लेप लगाने वाले भी मेरे ही हैं।

ये उलझन ही जीवन है,
जो सुलझ जाये तो फिर जीवन क्या?

नदी की तरह बहते जाना है,
सागर जब पूछेगा, हो क्या लाये,
मैं उसे अपनी चोटिल उँगलियाँ दिखाऊँगा,
और उस पर लगा लेप भी।

दूसरी लहर

अरे ओ कोरोना
तुम्हारी पहली लहर क्या कम थी?
क्यों लौट आये हो फिर?
ये देखने कि हम कितने लुटे हैं,
कितने टूटे हैं,
कितने बचे हैं!

अभी तो हमने फिर मिलना शुरू किया था,
हाथों की गर्मजोशी कुछ वापस आ रही थी,
दिल भी मिलने लगे थे,
मन भी खिलने लगे थे।

फिर तुम आ गये दूसरी लहर लेकर,
कहीं और घातक, मर्मान्तक,
लगता है प्रकृति अब नॉक राउंड खेल रही है,
हमारी प्रतिरक्षा से, जीने के जज़्बे से।

संवेदना अस्पताल जाते जाते दम तोड़ने लगी है
डॉक्टर भी यन्त्रवत होने लगे हैं,
मानव एक आँकड़ा बनता जा रहा है,
'स्पर्श' शब्द भर से मन कौंध जाता है।

दुर्वार जिजीविषा ही बचाती रही है मानव को,
दूसरी लहर के पार शायद कुछ अच्छा होने वाला होगा,
संघर्ष चलता रहेगा,
जीवन वैसे भी कब युद्ध विराम है?

मैं बिहार हूँ

मैं ही सीता की धरा हूँ,
विदेह जनक की देह हूँ,
मैं ही रश्मिरथी कर्ण हूँ,
गौतम ऋषि का आश्रम हूँ,
अहल्या का कायाकल्प हूँ,
मैं अशोक का स्तम्भ हूँ,
चाणक्य की कुटिल प्रज्ञा हूँ,
लोकतन्त्र की जननी वैशाली हूँ,
मैं आर्यभट्ट भी हूँ,
मैं ही तारेगना हूँ,
मैं मगध भी हूँ,
मैं पाटलिपुत्र हूँ,
नालन्दा हूँ,
विक्रमशिला हूँ,
मण्डन मिश्र हूँ,
विद्यापति हूँ,
गुरु गोविन्द सिंह हूँ,
तिलका माँझी हूँ,
कुँवर सिंह भी हूँ,
मैं भिखारी ठाकुर हूँ,
महेन्द्र मिसिर हूँ,
दिनकर हूँ,
मैं शेरशाह सूरी हूँ,

संरचनात्मक विकास की धुरी हूँ,
मैं शाद अज़ीमाबादी भी हूँ,
खुदीराम बोस की क्रान्तिकारी तरुणाई हूँ,
बिस्मिल्लाह खान की शहनाई हूँ,
गांधी का चम्पारण सत्याग्रह हूँ,
मोहनदास से महात्मा बनने का आग्रह हूँ
मैं मन्दार पर्वत हूँ,
जो गवाह है समुद्र मन्थन का,
मुझे अमृत-विष का अन्तर पता है,
मैं दसरथ माँझी भी हूँ,
पहाड़ मेरे इरादों से ही रास्ता हो जाता है।

पर मैं क्या सिर्फ़ एक भव्य इतिहास हूँ?
मेरा वर्तमान क्या है?
मैं राजेन्द्र प्रसाद भी हूँ,
जयप्रकाश नारायण हूँ,
रामनन्दन मिश्र भी हूँ,
मैं श्रीकृष्ण सिंह हूँ,
अनुग्रह नारायण हूँ,
मैं जननायक कर्पूरी भी हूँ,
मैं कांग्रेस का भग्न क़िला हूँ,
समाजवाद की गीली ज़मीन हूँ,
साम्यवाद की उलझन हूँ,
नक्सलवाद का लहू हूँ,
अतरंगी राजनीतिक गठबन्धन हूँ,
समाजवाद की बिखरी धारा हूँ,
गेरुए-हरे का मिलन हूँ।

थोड़ा लालू प्रसाद भी हूँ,
उनका राजनीतिक प्रमाद भी हूँ,
नीतीश कुमार तो हूँ ही,

उनकी राजनीति का तिलस्म हूँ,
उनका 'व्यावहारिक समाजवाद' हूँ,
बहार और बनाव का अन्तर्द्वन्द्व हूँ,
पर मैं सरदार पटेल भवन भी हूँ,
बापू सभागार, सभ्यता द्वार भी!

मैं एक कसक भी हूँ,
बिहार से बाहर 'अबे बिहारी' भी,
पलायित छात्र हूँ,
प्रदेश में दिहाड़ी मज़दूर भी,
मैं रायसीना में सिविल सेवा का बड़ा अधिकारी भी हूँ,
देश के विकास में भागीदारी भी हूँ।

मुझमें कोई कमी नहीं है,
मैं कितना उर्वर हूँ,
मैं आत्मनिर्भर हूँ,
मैं बस लिट्टी-चोखा नहीं हूँ,
एक व्यंजन से पहचान का धोखा नहीं हूँ,
मैं चम्पारण का अहुना हूँ,
एक स्वागत योग्य पहुना हूँ,
मैं दरभंगा का मखाना हूँ,
उत्तर बिहार के लीची का ख़ज़ाना हूँ,
मैं हाजीपुर का केला हूँ,
मैं बिहार हूँ, अलबेला हूँ,
मैं अंग का रेशम हूँ,
परेब का पीतल हूँ,
मैं उदवन्तनगर का खुरमा, बेलग्रामी हूँ
पिपरा, सिलाव का खाजा हूँ,
मनेर का लड्डू हूँ,
गया का तिलकुट हूँ,
धनुरूआ, बाढ़ का लायी हूँ,

रुन्नीसैदपुर का बालूशाही हूँ,
रोहतास के चावल का कटोरा हूँ,
भागलपुर का कतरनी हूँ,
दिल से पुकारो तो वैतरणी हूँ।

मिथिला के छप्पन व्यंजन का थाल हूँ,
बंगाल का संस्कृति द्वार हूँ,
मैं भुला दी गयी मंजूषा हूँ,
मिथिला की अद्भुत चित्रकला हूँ,
शारदा सिन्हा के छठ गीत हूँ
अस्ताचलगामी सूर्य को भी नमन हूँ।

सच है मैं कोसी का टूटता कछार हूँ,
बाढ़ का बरबस प्रहार हूँ,
पर मैं गंगा का उद्गार भी हूँ,
मैं अब भी बुद्ध का विचार हूँ,
क्योंकि मैं बिहार हूँ।

नाभि नाल

तुम ही सृष्टि हो,
तुम्हारी नाभि नाल से ही सातत्य है,
ईश्वर सर्जक होंगे,
पर उन्हें देखा नहीं,
सर्जक तो तुम ही हो,
तुम्हें देखा भी,
जाना भी,
माना भी,
पर पहचाना नहीं।

अच्छा नहीं लगता तुम्हें प्रतीकों में बाँधना,
तुम्हारे नाम का एक दिवस कर देना,
तुम्हें शक्ति कह देना,
दुर्गा बता कर अपने दुर्ग में चले जाना,
तुम्हें विशेषण देकर तुम्हारे लिए कुछ विशेष नहीं करना।

पहले एक पिता की बेटी हो,
फिर किसी की पत्नी,
फिर किसी की माँ,
पर तुम कौन हो,
तुम्हारा नाम क्या है?
है भी तो उस नाम का क्या,
नामवर तो और बने फिरते हैं।

अच्छा लगता है तुम में कुछ सपने अब भी जाग रहे हैं,
तुम्हारी बुलन्द आवाज़ ही नहीं मौन भी सुने जा रहे हैं,
पुरुष दर्प के कुछ क़िले ध्वस्त हो रहे हैं,
अन्नपूर्णा का सम्पूर्णा रूप अच्छा लग रहा है,
तुम्हें कुछ लोगों ने बस आँचल समझ रखा था,
उन्हें क्या पता तुम ही तो आसमान हो।

उस आकाश के तले एक घर भी है,
जिसको तुमने सदियों से सँभाले रखा,
अब हमें भी कुछ काम दे दो,
मुन्नी के बाल की चोटी बना देता हूँ,
हर इतवार बिरयानी मैं ही बनाऊँगा,
सुबह की चाय तुम, शाम की मैं बनाऊँगा,
फिर बालकनी में बहुतेरी बातें होंगी,
नारी अधिकार अभी भी संवेदनशील विषय है,
पर बातें तो होनी ही चाहिए,
तभी तो बात बनेगी,
एक हल्की चपत लगा दो न मेरे गाल पर,
मेरा दम्भ है कि जाता नहीं।

बेटी

बेटी नदी की तरह होती है,
सींचती जाती है जड़ और चेतन।

बेटी झरने की तरह लयबद्ध होती है,
नीचे आते-आते अपना प्रवाह बिखेर देती है।

बेटी अथाह समन्दर की तरह होती है,
जिसकी गहराई बाप की आँखों में दिखती है।

रे क्या मारेगा तू बापू को?

दासता की दु:सह वेदना-अश्रु से
आर्यावर्त का सलिल गँदला हो चुका था,
हम खो चुके थे,
सो चुके थे–
आज़ादी का कंगन बन्धक रख कर!
मर्दन उद्दाम गति से चल रहा था,
गरिमा भूलुंठित थी,
गोरों के कटार रक्तिम थे!

सहसा नाद एक श्रव्य हुआ,
निसंज्ञ धरती संज्ञ हुई,
यह निनाद मोहन का!
अशान्त गगन के अवतान तले मोहन की मुरली बोल उठी–
दो फूल तुम्हें मैं देती हूँ प्रभात आज़ादी का लाने को,
भारत को 'भा' (प्रकाश) रत करने को!
वह तो सदा सौम्य रहा
शान्त भृकुटी थी उसकी,
पर थी एक लाठी भी,
लाठी सत्य-अहिंसा की!

संघर्ष वीरों का चल रहा था अविराम,
देशप्रेम जैसे छू ले आसमान!

कालचक्र ने झपट ली गोरों से रक्तिम कटार!
सुबह आज़ादी की,
नभचर प्रमुदित, भूचर प्रमुदित!

साबरमती का महात्मा संध्या वन्दन को चला,
वार्धक्य के धुँधलके में मन्थर-मन्थर पग थाप सुना!
नाथू आया, न्यस्त हुआ–
सहसा विस्फोटक शोर हुआ
बापू महान, भू न्यस्त हुए,
रेणुलीन!
हा हन्त! गूँजा दिगन्त!
हो गया अन्त बापू का,
बुझ गया दीप सत्य-अहिंसा का!

रे क्या मारेगा तू बापू को?
क्या मरता कभी आदित्य?
क्या मौन मयंक हो सकता है ?
मारा एक जीर्ण प्राणी को,
मारा प्रकाश के लघु चेरे को,
मिटा दिया जिसने बिदु-बिन्दु प्राण,
अँगीठी सत्य की सुलगाने को,
अहिंसा की ज्योति जलाने को!

धृतराष्ट्र दृष्टि

तन की आँखों से नहीं देखना तो महज़ अन्धापन है,
मन की आँखों से नहीं देखना धृतराष्ट्र दृष्टि है,
देखने की चेष्टा नहीं करना धृतराष्ट्र दृष्टि है,
वेदव्यास ने दिव्य दृष्टि देनी चाही तो उसने संजय को आगे कर दिया,
सत्य का सामना करने से अच्छा है निष्क्रिय दर्शक बन जाना,
कृष्ण ने उसे दृष्टि दी उसने विष्णु का विराट स्वरूप देखा,
ये सब देखने के बाद उसने फिर से अन्धा बन जाना ही उचित समझा,
अब तक नहीं देखा तो आगे क्या देखूँ, क्यों देखूँ,
दुर्योधन तो अपने आरम्भ से ही अपना अन्त लेकर घूम रहा है,
धृतराष्ट्र दृष्टि तो दुर्योधनी प्रवृत्ति के पोषक मात्र हैं,
सब कुछ देख कर कुछ नहीं देखना ही धृतराष्ट दृष्टि है,
अश्वत्थामा के साथ बहुतेरे धृतराष्ट भी अमर हैं,
दुर्योधन और दु:शासन भी कभी मर नहीं सकते
अर्जुन को फिर से गाण्डीव उठाना होगा,
शायद कृष्ण को एक बार फिर विराट रूप दिखाना होगा!

आभासी चौखण्डी

इस दुनिया का शहद से क्या वास्ता
ज़ुबान पे जो इतने काँटे उग आये हैं

अगर यही तेरा खुला आसमान है
मुझे कफ़स अज़ीज़ लगने लगे हैं

यहाँ रोज़ खामखा बने मित्र अमित्र होते रहते हैं
सही दोस्त तो अब भी उँगुलियों पर गिने गिनाये हैं

कोई ज़रूरी नहीं कि हर बात पर लोग वाह वाह करें
ख़िलाफ़त अदब से तो कीजिए हम वही दिल लाये हुए हैं

तेरा सच भी आधा है मेरा भी अधूरा है
चन्द नामुराद बहस हमें क्यों उलझाये हुए हैं

चेहरे की किताब पर शब्दों की पिस्तौल चलते रहते हैं
कुछ गुल की बात करें हम थक हारकर घर आये हुए हैं

ये मंच तो महज़ आभासी चौखण्डी है जनाब
पर आप हैं कि अब तक दिल पर लगाये हुए हैं

नीलकण्ठ शिव, कहाँ हैं आप?

संवेदना की मौत पर कौन रोया?
मैं तो नहीं, तुम भी नहीं
बस हम आगे बढ़ते जा रहे
एक चलते-फिरते बुत की मानिन्द
जब तक उसमें जान थी
वो सवाल पूछता रहा
और उसका बेजान शरीर?
मानो सवालों के क़ब्र पर था
लहू अपने लाल होने पर शर्मिन्दा था
बेरंग ही होता तो अच्छा था–
किसी को नज़र तो नहीं आता!
सब कुछ स्याह हो गया है–
मन, आत्मा, चेतन और अचेतन
कुल्हाड़ी का क्या दोष है
अब तो मन ही कटार हो गया है
जाति, धर्म, वर्ण तो बस बहाने हैं
सच तो चारों ओर फैली नफ़रत है,
सिर्फ़ विषवमन हो रहा है
नीलकण्ठ शिव, कहाँ हैं आप?

कभी मैं भी सुकुमार था

मेरे दोस्तों को मेरी सुकुमार छवि ही याद है
उन्हें याद है वो वक़्त जब मैं कोरा काग़ज़ था
जब मैं शबनम की बूँदों जैसा चमकता था
जब मेरी आँखों के सपने अल्हड़ हुआ करते थे

तब सारी दूनिया मुझे कविता लगती थी
भावनाएँ बस अनुप्रास अलंकार ढूँढ़ती थीं
एक कमरे में रहकर चाँद तारों की बातें करते थे
दोस्तों को जबरन कविताएँ सुनाया करते थे

चन्द किताबी प्रश्नों को सुलझाकर मुग्ध हो जाये करते थे
लगता था जीवन के सारे सवाल भी ऐसे ही सुलझ जायेंगे
बालों में कंघी डाल किसी अभिनेता के मानिन्द बिचरते थे
महादेव टॉकीज वाली सड़क पर केसर रसगुल्ला खाया करते थे

मैं अभी भी सुकुमार था पर सपने उतने सुनहरे नहीं आते थे
अब मैं पगडण्डी से महानगर की तेज़ भागती सड़क पर था
वाहन किसी दुर्दान्त अपराधी की तरह लगने लगे थे
बस कंडक्टर स्टॉप आने के पहले ही कहता था कूद जा

मेरे वयस्क सपनों के कन्धे अरमानों के भार से दबने लगे थे
कोमल भावनाएँ अब उबाऊ गद्य की तरह लगने लगी थीं

मैंने अब बालों में कंघी नहीं यदा कदा उँगलियाँ फिराता था
अब मैं सिर्फ़ कुमार था सुकुमार तो घर ही छोड़ आया था

जीवन की आपाधापी में पुराने दोस्त पीछे छुटते गये
मुस्कराहट धीरे-धीरे मतलबी और यान्त्रिक होने लगी
जोड़ घटाव के असली मतलब अब समझ में आते हैं
ज़िन्दगी जोड़ जोड़ के जिए जा रहे हैं पर कुछ जोड़ा नहीं

आम का दर्द

आम जब पके-अनपके
टूटता है अपनी शाखा से,
टूटते हैं कितने रिश्ते,
अपने पेड़ से, अपने अस्तित्व से,
हवाओं के उन गलबहियों से,
जिसने उसको झकझोरा,
कि तेज़ हवाएँ भी चलेंगी,
उनमें से कुछ को फूलना-फलना पसन्द नहीं।
और जब पूरा भी कर लेते हैं अपनी यात्रा,
कसीले और खट्टे-मीठे जीवन की,
वो समेट लेता है पूरा दर्द अपने शीर्ष पर,
एक एलर्जिक केमिकल की शक्ल में,
विज्ञान उसे उरोशियोल कहता है,
लेकिन ये आम का निजी दर्द है,
उस तिक्त मूँठ के नीचे अम्बार है,
अद्भुत स्वाद और मिठास का,
आम अब आमोखास का है,
शायद आम होने की यही नियति है।

ढाई आखर

प्रेम जब देह है–
तो गहरा स्पर्श है,
गर्म साँसों की आवाजाही है,
दो के एक होने की धुन है,
बहुतेरे विशेषण हैं,
आँखें मृगनयनी हो जाती हैं,
केशपाश एक बादल,
होंठ कोई गुलाब की पंखुड़ी,
कवि की उपमा का खुला आसमान।
प्रेम जब देह से निकल कुछ आगे बढ़ता है–
तुम्हारा महज़ पास से गुज़रना भी प्रेम है,
आँखों से अधिक बातें करना,
फ़ोन पर अधिक लगे रहने से टोकना,
कभी कभी यूँ ही झिड़क देना,
मैं जब फिर भी चुप रहूँ,
तो तुम्हारा और भी खफ़ा होना,
मतलब कि पिण्ड नहीं छोड़ना,
ये सब भी प्रेम ही तो है।
प्रेम जब विरह है–
जैसे धरती सूरज का चक्कर लगाती है,
पर उसके पास नहीं जाती है,
प्रेम कुछ वैसे ही धरती की तरह होता है,
विलगाव सूरज की तरह उत्तप्त रहता है,

लेकिन रोशनी व ऊर्जा देना नहीं भूलता है,
प्रेमी चिरन्तन परिक्रमा करते रहता है,
प्रेम को तभी तो अतिशय ऊर्जा कहते हैं,
जिसकी ताक़त बिखर जाने से बढ़ती है।
प्रेम जब विदेह है–
तो एक अबूझ पहेली है,
एक ऐसी पराशक्ति जो शोध से परे है,
एक निरीह आँसू या बेशक़ीमती मोती,
अन्तस की धधकती आग है,
जिसमें तपके प्रेम कुन्दन होता है,
सीता जब धरती में समायी थी,
राम ईश्वर होकर नहीं रोक पाये,
पर प्रेम के लिए धरती क्या, पाताल क्या।

रंग

लाल, पीला और नीला–ये ही प्राथमिक रंग हैं,
नारंगी, हरा और बैंगनी द्वितीयक रंग हैं,
और छह आनुषांगिक रंग हैं जो मूल और द्वितीयक के सम्मिश्रण से बनते हैं,
शेष जिन रंगों की बातें होती हैं,
या तो बनायी गयी है या समझायी गयी है।

बात अगर प्रतीकों की करें तो नीला को परम्परावादी,
लाल को शक्ति और आक्रमण,
पीला और नारंगी को गर्मजोशी,
और शेष रंग को सौम्यता से जोड़ा गया है,
और काला रंग कोई बना नहीं सकता,
पर बेचारा फिर भी फँसा है कई नकारात्मक प्रतीकों में,
अवसाद में, अन्धकार में।

किसी कवि ने लिख डाला–
"ये लाल, हरा, नीला, पीला ,
सब राजनीति सूरज की है"
लेकिन रंग उससे भी ज़्यादा उलझा,
धरतीवालों की राजनीति में,
लाल साम्यवादी हो गया,
नीला अम्बेडकरवादी हो गया,

हरा समाजवादी और सेक्युलर हो गया,
और केसरिया राष्ट्रवादी हो गया।

पर रंगों का सम्मिश्रण ही ग़ायब हो गया,
वही मिलन जो होली सिखाती आयी है,
सारे रंग अलग-थलग पड़ गये,
सभी अपने रंग में डूबे रहते हैं,
जबकि रंग ख़ूब जानते हैं मिलकर अलग रंग बनना,
और रंग जमाना,
फिर किसी कलाकार से पूछो,
जो मन में उभरे रंगों को भी आकार दे देता है।

लेकिन रंग तो और भी हैं,
जिस पर कभी शोध न हुआ,
गेहूँ का क्या रंग है,
धान का क्या रंग है,
चना का क्या रंग है,
सूरज का क्या रंग है,
चाँद का क्या रंग है,
नदी और सागर का क्या रंग है।

अच्छा है हवा बेरंग है,
नहीं तो साँसें भी बहुरंगी होतीं,
इस अतरंगी दुनिया के अपने ही रंग हैं,
लेकिन फिर भी रंगों में जब उलझिये,
तो खेल आइये मन से होली,
जिसका एक ही रंग है,
या बहुतेरे रंग हैं,
या फिर कोई रंग नहीं है।

रुधिर

शोणित,
रक्त,
ख़ून,
लहू,
रुधिर
–जो कह लें,
इसके चार ही प्रकार हैं,
कोई सार्वभौमिक दाता,
कोई सार्वभौमिक ग्राही,
एक दुर्लभ और एक अति दुर्लभ।
शोणित है आपादमस्तक विचरने के लिए,
शरीर के हिमालय से कन्याकुमारी तक,
ख़ून आँखों से टपकने के लिए नहीं है,
न ही पिपासा के लिए,
प्यास तो सदा पानी से ही बुझती है,
लहू तो बेकार ही बदनाम है।
रक्त न ही सनातनी है,
न ही वहाबी,
न ही क्रिश्चियन,
ये जन्म से ही अलिंग, अजाति और धर्म निरपेक्ष है,
इसका एकमात्र धर्म रग़ों में बहना है,
शरीर इसकी एकमात्र जाति है,
इसका संचार सिर्फ़ शरीर से शरीर है,

शायद आत्मा से आत्मा भी,
जब धमनियों में ख़ून घटता है,
अपनों का रंग ख़ुद पता चल जाता है,
आभाषी मंच की सूचना से ही लोग दौड़े चले आते हैं,
अक्सर अजनबी भी,
जब ख़ून के रिश्ते वाले पीछे रह जाते हैं,
शोणित शरीर के आवरण में ही शोभता है,
बहता है तो अपना अस्तित्व ही खो देता है,
जो सुर्ख सूखे रंग युद्ध भूमि पर गिरे हैं,
वो कभी लहू हुआ करते थे,
जिनका अब ख़ून हो गया है।

कुछ ऐसी दुनिया देखनी है उसे

एक माँ अपने अबोध बच्चे से कहती है,
तू जिसे देखता है वो दुनिया देखनी है मुझे,
वो मासूम क्या जाने कैसी दुनिया देखनी है उसे,
ये लाल, हरा, केसरिया क्या देखना है उसे,
या फिर इनमें से कुछ नहीं देखना है उसे,
या कोई नया उभरता रंग देखना है उसे,
शायद उस आसमान की तरह, पेट भरने वाले धान की तरह,
वो अबोध क्या कहे जब इतने सुबोध रंगों में उलझे हैं,
माँ तो माँ है उसे रंगों का मतभेद पता है,
तभी तो अपने बच्चे को अदम्य और सहिष्णु कहा है,
जो दुनिया उसे देखनी है वो सहिष्णुता की राजनीति करने लगी है,

सम्भव है वो कोई नयी दुनिया सोच रहा है,
हर माँ को उस नयी दुनिया की प्रतीक्षा है,
जिसमें बच्चे अपना रंग डाले और बड़े रंगों की हेराफेरी न करे,
कुछ ऐसी ही दुनिया देखनी है उसे।

कैलेंडर

ये दिन, तारीख़ तो मानव जन्य है,
समय को वर्ष और युग में क्या बाँधना!
बात तो यात्रा, पड़ाव और सोपान की है,
समय तो क़तारबद्ध पेड़ों की तरह है,
वह वहीं स्थिर है, जड़ सहित जड़वत,
हम हैं कि जड़ और चेतन में उलझे हैं,
गुण-दोष, नफ़ा-नुक़सान, जय-पराजय में।
आनन्द तो यात्रा का है, सुख तो चलते रहना है,
पड़ाव रुक कर अन्तर और बाह्य सौन्दर्य को निहारना है,
सोपान क्या है और कैसे है कौन बतायेगा,
वर्ष को कैलेंडर और तारीख़ों में बाँधना मानवीय है,
एक बहुत ही साधारण सा अंकगणित है,
गर दिन रात का चक्र नहीं तो क्या गिनते,
सर आँखों के समानान्तर हो तो सुबह है,
सर पर चढ़ा हो तो कर्म का परवान है,
नज़रों से ओझल हो तो सुकून भरी नींद है,
उम्र को वर्ष में तुलना तो बहुत ही आसान है,
और सद्कर्म तो वैसे भी निस्तुला है,
पता नहीं जनवरी का दिसम्बर से क्या नाता है,
और चैत को फागुन क्यों इतना भाता है,
हमने उन्हें समय के खाने में बिठा दिया है,
शायद हमें विभक्त होकर रहना बहुत पसन्द है।

चन्द्र बिन्दु

आप कभी किसी गद्य-पद्य की विषय नहीं हुई,
आप पर या तो कटाक्ष हुए या व्यंग्य हुए,
आपका अस्तित्व विवाह की व्यवस्था से है,
अंग्रेज़ी ने आपमें इन-लॉ लगाकर कन्नी काट लिया,
दृश्य माध्यम ने आपका नकारात्मक किरदार ही दिखाया।

अगर किसी ने अगर नहीं देखा तो आपका मातृत्व,
एक अजनबी को अपना बनाने की ज़िद,
थाल में कुछ ज़्यादा ही प्यार उड़ेलने की ललक,
कुछ ऐसा करना कि मेहमानजी कुछ और दिन टिक जाये,
माँजी से धीरे-धीरे से माँ बन जाने की यात्रा।

सब जानते हैं विवाह एक सामाजिक व्यवस्था है,
मिथिला आदर्श ससुराल बना तो श्रेय जनक को मिला,
लोग भूल गये रानी सुनैना का राम के प्रति प्यार-मनुहार,
कौशल्या भी तो सीता को पलंग से नहीं उतरने देती थी,
कैकेयी कभी मन्थरा तत्त्व के बिना नहीं बनता।

सास और साँस में फ़र्क़ है एक चन्द्र बिन्दु का,
सास सामाजिक सम्बन्धों की है वही चन्द्र बिन्दु,
और चन्द्र धारण कर तो शिव भी इठलाते होंगे,
सास चाहे कौशल्या हो, सुनैना हो या हेमलता,
इनके होने भर फैलती रहती है प्रेम की लता।

पिता

माँ की गोदी से उतरा तो ठेस ही ठेस था,
लड़खड़ाया तो उनकी ऊँगली का टेक था!
माँ गर घर की दीवार थी, वो छत था,
मैं जब कोरा लिफ़ाफ़ा था, वो एक ख़त था!
उनका स्पर्श मेरे स्पन्दन की नींव था,
उनके बिना मानो बस सब कुछ निर्जीव था!
उनके आने भर से घर खिल उठता था,
मानो वो आनन्द का कुरान और गीता था!

बड़ी ख़ूबसूरत थी बचपन की कहानी,
वो ठहरें तो गहरी झील, चलें तो रवानी!
वो पलकें उठा दें तो बाज़ार के सारे खिलौने अपने,
नज़र फेर लें तो सब कुछ हो जाये कोरे सपने!
उनकी मिठास जैसे जलेबी मोहन साव की,
उनका घर आना, रसगुल्ला जालो साव का!

बचपन की कहानी का महानायक तो पिता ही होता है,
वही बरगद है, पीपल की घनी छाव वाला गाँव होता है!
कौन कहता है पिता एक 'सामाजिक व्यवस्था' है,
जिनके पिता नहीं, उनसे पूछो ये कैसी अवस्था है!

जब हुआ किशोर, वो बन गये पक्के मित्र,
स्कूल से लौटकर उकेर देता सारा चलचित्र

कॉलेज आते आते बने दोस्तों के दोस्त,
बड़े प्यार से बताया दुनिया का ख़रीदफरोख़्त!

जब घर छोड़ा तो एक दोस्त पीछे छुट गया,
पीछे मुड़ा तो चरैवेति! चरैवेति!! कहता रहा
उन्हीं के दिये पैसे के कुछ लाता तो ख़ुश हो जाते,
जब नहीं भी ला पाता, मुझे जी भर देखे नहीं अघाते!

समय बदला, उनसे मीलों दूर रहना पड़ा,
जीवन की आपाधापी में उलझाना पड़ा,
अब बात होती उनकी सेहत की, दवा की,
कभी उन पुरानी यादों, उनकी खिलायी मेवा की,

अब कहते हैं 'मेरे तो चार बाप' हैं,
लेकिन हमारे लिए वो अब भी बहुत ख़ास हैं,
बरगद तो बस फैलता ही रहता है,
शाखा तो उसकी पनाह में ही रहती है!

ऑक्सिमीटर

आप तो मेरे आसमान थे,
आप से मेरी बुलन्दी थी,
अब जब आप नहीं,
सर से आसमान भी गया,
मेरी बुलन्दी का कोई मतलब नहीं।
जब आपके बराबर खड़ा होता था,
आप बरबस कहा करते थे–
"तुम सब मुझसे बड़े हो गये हो"
ऐसा हर पिता बोलता है,
पिता ही ऐसा बोल सकता है।
आपकी उँगलियाँ पिता का अथाह प्यार था,
एक शिक्षक की ओजस्वी लेखनी थी,
ऑक्सिमीटर में फँसकर आपकी अँगुली बेचैन हो जाती थी,
आप हाथ झिड़क देते थे,
कोई यन्त्र क्या आपकी साँसों का हिसाब करेगा,
साँसें तो सभी गिनकर ही लाता है,
आपने कभी आँखें बन्द नहीं कीं,
आप खुली आँखों से अपना अन्त देख रहे थे।
हे पिता, आप जहाँ हैं वही से मेरा आसमान बनिये,
पिता की छाया इतनी घनी क्यों होती है,
आपके जाने के बाद घनी छाँव का मतलब समझ आया,
सब कहते हैं पिता अपनी सन्तानों में ज़िन्दा रहते हैं,

पर आप तो सपनों में भी नहीं आते,
आप नहीं चाहते कि मैं किसी तरह व्यथित होऊँ,
क्योंकि आप पिता हैं,
जाइए आपकी अँगुली अब ऑक्सिमीटर से आज़ाद है,
आप फिर से आसमान हो जाइए।

वो सुनहरी लहक

रात हमेशा नहीं टिकती आपके कन्धों पर नर्म बादल की तरह,
ये गिरती भी है आपके ऊपर जैसे कोमल फ़सल पर होता है तुषारापात,
आप अक्सर अचकचा जाते हैं अनायास आये तूफ़ान से,
आपके वैभव और दर्प के सारे रंग पीले पड़ जाते हैं,
आप अक्सर हल्के में लेते हैं जो आपके पास होता है,
पर नियति का एक क्रूर प्रहार सब कुछ को भूतकाल बना देता है,
आप बस सोचते रहते हैं धन, दैहिक आनन्द और सोने के बारे में,
जबकि आपने देखी है अक्सर ही चिता से दहकती स्वर्णिम लहक,
आप जीते हैं ऐसे जैसे चिरकाल तक यहीं रहेंगे,
आप खिलते हैं जैसे आप कभी मुरझाने वाले ही नहीं हैं,
कि जबकि आप जानते हैं कि एकमात्र शाश्वत सत्य क्षणभंगुरता है,
आप ये भी जानते हैं "चलो अब आगे बढ़ो" एक ख़राब मुहावरा है,
जो आप नहीं समझना चाहते हैं वो यह कि जीवन एक पुनर्लेखन है
शरीर से पाँच तत्त्व में मिल जाने का,
एक व्यक्तिवाचक संज्ञा का भूतकाल हो जाने का।
जो प्यार और हँसी आपने कभी साँझा किये थे वही आपकी एकमात्र पूँजी है,
आप तभी तक शोक करते हैं जब तक एक मटमैला दिन एक काली रात में बदल जाय,
पर अगली सुबह तो सातत्य के चक का एक नया दिन है।

पित्त

आयुर्वेद कहता है
–वात, पित्त और कफ़ का सन्तुलन ज़रूरी है,
पित्त और चित्त का सीधा सम्बन्ध है,
खान पान के अनुशासन से,
आपके चिन्तन से,
परिवेश से।

अम्ल पित्त तो इस सदी की सबसे बड़ी त्रासदी है,
ये भोजन से लेकर चिन्तन में प्रवेश कर गया है,
शरीर के पित्त का तो फिर भी इलाज होता है,
अम्लीय सोच के पित्त का कोई इलाज नहीं है।

कुछ लोग अपने ज्ञान के पित्त से परेशान हैं,
कुछ लोगों में ईर्ष्या का नैसर्गिक पित्त होता है,
अकर्मण्यता अम्लीय चिन्तन पित्त का सबसे बड़ा कारण है,
गुलाबों में बीच में जब आपको सिर्फ़ काँटे नज़र आये,
ये पित्त के बड़े लक्षण हैं।

पहले पक्ष और प्रतिपक्ष हुआ करते थे,
अब पक्ष और विपक्ष है,
आर या पार है,

इस तरफ़ या उस तरफ़ है,
भक्त है या विभक्त है।

पित्त का इलाज ठण्डी चीज़ होती है,
खीरा, नारियल पानी और छाछ,
चिन्तन की ठण्डक पित्त का एक इलाज है,
अँधेरों में जुगनू की सराहना कीजिए,
पित्त अपने आप घटने लगेगा।

स्वेटर

दो काँटों के ऊपर ऊन के धागे कैसे अठखेलियाँ करते हैं,
उन्हें पता नहीं कि वो किस कदर उलझने वाले हैं,
पर ये कैसी उलझन जो एक सुलझा हुआ परिधान बन जाता है,
और जब खुलना हो तो एक झटके में सारी उलझनें गेंद बन जाती हैं,
बुनना तो हमेशा से ही श्रेयस्कर होता है,
चाहे वो स्वेटर बुनना हो, मकड़े का जाला बुनना या फिर सपने बुनना,
पर क्या हमने कभी सोचा है उन उँगलियों के बारे में जो बुनते हैं,
लाखों बार नाचती हैं वो उँगिलाएँ उन काँटों के साथ,
तब जाकर आता है एक नर्म एहसास एक पोते, नाती या बेटे बेटी के नाम,
हाथ से बुना हुआ स्वेटर एक स्वस्थ समाज के ताने बाने जैसा लगता है,
जिसमें भावनाओं के समन्दर के साथ परिश्रम की हिलोरें होती हैं,
एक मशीन शायद एक घण्टे में बुन देती होगी कोई स्वेटर,
पर अपनों के दो हाथ महीनों लगा देते हैं उसी काम के ख़ातिर,
धागे धागे में जब प्रेम पिरोया जाये तो वो एक महज़ वस्त्र नहीं होता,
एक एहसास को ओढ़ना और पहनना कुछ और ही बात है,
और जब वो बुनने वाली उँगलियाँ कहीं शून्य में ग़ायब हो जाती हैं,
हम सोचते हैं कि कितनी बार हमारा ज़िक्र आया होगा,
जब 'हमारा घर' उठाया और बढ़ाया गया होगा।

दर्प

दर्प के तूफ़ान ने लहरों को गगन का लालच दिया था,
लहरों से ही उसका सौदा किया था,
लहरें उठी थीं,
फिर गिरी थीं,
गिर के ये समझ आया,
यहाँ हर बलखाती लहरों का सहारा ही अपना है,
हम तो सागर हैं किनारा ही अपना है।

कल्मष

कल्मष की थाती तू सृष्टि,
दृष्टि तो इसकी व्योम के ऊपर,
पर जहाँ खड़ा है वहाँ अनल है,
अनल की भट्ठी है सृष्टि,
कहाँ नानक, कहाँ चिश्ती?

नवप्रभा लेकर हो,
पर जलन के साथ हो,
तलाश अमृतघट की,
मगर विष के साथ हो,
दम्भ मत करो,
सब जानते हैं,
तुम अनय का नाथ हो,
विप्लव के साथ हो

जिसे मैं प्यार करता हूँ

तारों भरी रात के तले,
मैं ढूँढ़ता हूँ एक तारा,
जिसे मैं प्यार करता हूँ,
जिसे मैं बाँहों में भर लेना चाहता हूँ,
वो दूर होकर भी कितना पास लगता है,
जो पास है कितना दूर लगता है,
तुम्हारे प्यार में शायद कोई शर्त नहीं थी,
तभी तो दूर होकर भी इतना चमकते हो,
लगता है तुम्हें मेरी रोशनी भी लग गयी,
अच्छा है धरती से दूर ही रहना,
नहीं तो तुम्हें भी बाँध देंगे धर्म और जाति के बन्धन में,
और दे देंगे कोई गोत्र,
कश्यप, वत्स या शांडिल्य,
मैं उन्मुक्त न सही,
तुम तो मुक्त हो,
बस यूँ ही निहारा करो,
अब जा रहा हूँ,
धरती पुकार रही है मुझे।

❑❑

आभार

अरुण कमल
गीत चतुर्वेदी
अदिति माहेश्वरी गोयल
स्वर्गीय सत्यदेव चौधरी
रजनी सेन
कनुप्रिया
आशुतोष ठाकुर
उदय भानु प्रताप
आशुतोष, परमतोष और मंतोष
ब्रज मोहन सिंह
गुंजन कर्ण
सुवेश कर्ण
अजिताभ मिश्रा
सिनेश
पिंटू
विजित
विक्रम (विकी)
चित्रा
गौरव
शाश्वत
शिवांगी